Rhétorique Appliquée.

RHÉTORIQUE APPLIQUÉE

ou

RECUEIL D'EXERCICES LITTÉRAIRES

Dans tous les Genres de Composition Française,

DÉDIÉ

AUX MAISONS D'ÉDUCATION,

Par J.-A. Guyet.

— o o —

PRÉCEPTES, — CANEVAS. — MODÈLES.

— o o —

CANEVAS.

LYON.

CHEZ L'AUTEUR, RUE DE LA PRÉFECTURE, 6.

1850.

1849

Lyon, Impr. RODANET et comp., rue de l'Archevêché, 3.

AVIS AUX ÉLÈVES.

1. Pour remplir ces canevas avec succès, l'élève fera une très grande attention aux signes qu'ils renferment. Le signe — indique qu'il faut conserver la pensée et changer le style. Ce même signe, accompagné de quelques points (—...), prévient l'élève 1° qu'à la pensée principale exprimée peuvent se joindre des idées accessoires que son imagination devra rechercher; 2° qu'il faut rendre la pensée du canevas en d'autres termes. Enfin les mots suivis de ...... appellent certains développements faciles à trouver.

2. Quand le commencement du canevas contiendra une ou plusieurs phrases, qui ne se-

ront pas suivies de l'un des trois signes précédents, il restera tel qu'il est. Il en sera de même des phrases qui, dans le cours du canevas, ne seraient point accompagnées de signes. Ainsi, s'il y a un point, le signe ne se rapporte qu'aux mots qui commencent après.

3. Si les idées ne se présentent point, après un instant de réflexion, aux endroits marqués du signe, il faudra analyser les mots, se questionner sur les idées qui s'y rattachent. Par exemple, dans la description du déluge (centième canevas), vous rencontrez ces mots : *La faim*.... Votre imagination ne présente aucune idée à votre esprit. Dites : Qu'est-ce que la faim? à quels excès pousse-t-elle les hommes? que fait-on quand on a faim? Après ces questions il vous est facile d'écrire : *La faim, cet ennemi plus terrible que l'eau, vint tourmenter les hommes; les uns arrachaient l'herbe des rochers, d'autres déchiraient des animaux submergés*, etc.

4. Il n'est pas besoin d'avertir l'élève, que dans les phrases suivies de —, il est certains mots qui ne peuvent être changés. Si je dis : *là sont des pins, des noyers sauvages, des rochers de forme fantastique* —, il est clair que les mots *pins, noyers, rochers* doivent être

conservés, et que le signe — n'a rapport qu'au reste de la phrase.

5. Toutes les fois qu'on pourra insérer dans une narration, un petit discours, un court dialogue, il faudra le faire. On jette par là de la variété dans le récit, et de l'aisance dans le style.

6. Quant aux canevas, donnés sous la forme de simples résumés, sans aucuns signes, l'imagination peut se donner libre carrière ; elle doit n'avoir aucun égard pour la rédaction du canevas ; le seul frein qui lui soit imposé, c'est de suivre l'ordre des idées, tel qu'il est **exposé**.

GUYET.

RHÉTORIQUE APPLIQUÉE.

—

CANEVAS.

LETTRES.

☞ PRÉCEPTES DU GENRE, tome 1er, page 199.

§ I.

Lettres de Compliments.

☞ PPÉCEPTES PARTICULIERS, tome 1er, page 205.

COMPOSITIONS.

N° 1 (1).

Au nom d'une mère, souhaitez à sa fille une heureuse année.

Avis. Cette lettre n'aura que six à sept lign s, et comme on doit supposer que dans les années précédentes, la mère a épuisé toutes les formules ordinaires, vous aurez à faire entrer dans votre compliment l'amitié de la mère comme devant concourir au bonheur de la fille, pour varier agréablement la forme du souhait.

---

(1) Les numéros renvoient aux modèles du tome troisième.

1*

N° 2.

Ecrivez à un ami comblé des dons de la fortune, de la santé et de la vertu. Ne souhaitez rien, et ne faites aucun compliment; mais donnez les raisons de ce silence.

Avis. N'employez que quelques lignes.

N° 3.

Répondez à une jolie lettre de compliment que vous avez reçue à l'occasion de la nouvelle année; elle n'était que de quelques lignes, et vous venait d'une personne estimable et digne d'amitié. Vous avez trouvé son compliment charmant, vous lui demandez son secret de dire si bien les choses. Désespéré de ces lettres de bonne année, vous avez envie de souhaiter du malheur aux gens, pour éviter la monotonie. Mais vous ne pouvez commencer par votre correspondant. (Ici le compliment.)

§ II.

Lettres de Félicitations.

☞ PRÉCEPTES PARTICULIERS, tome 1ᵉʳ, page 205.

Nº 4. — Une Mère à sa Fille.

La mère félicitera sa fille d'une très belle lettre qu'elle a reçue pendant le temps du carnaval. Elle lui fera compliment de son style, ajoutant qu'elle est toujours contente de ses lettres, et que les personnes qui les voient en demeurent enchantées; mais cette dernière lettre est merveilleuse.

AVIS. Recourez à l'énumération pour parler de la lettre de la fille; une quinzaine de lignes pour toute la lettre.

Nº 5. — A M. de G***.

C'est une belle mère qui parle à son gendre. Elle lui annonce qu'il vient d'obtenir le cordon bleu, à la deuxième séance du chapitre de l'ordre; qu'il n'a pu être reçu à la première parce que ses pièces sont arrivées trop tard. Voilà cette bonne mère contente. Elle plaisante agréablement son gendre et lui fait son compliment.

Avis. Le commencement de cette lettre, quoiqu'un peu sérieux, sera égayé par le style naturel aux personnes joyeuses. La fin sera enjouée et familière.

Nº 6. — A M. de Bussy.

M. de Bussy a fait à un prêtre un compliment de félicitation sur la dignité d'évêque à laquelle l'ecclésiastique vient d'être élevé. Le bon évêque lui répond modestement, en plaçant à côté de sa nouvelle dignité, la faveur d'avoir reçu un compliment d'un ami aussi digne et aussi vertueux, dont il s'efforcera de mériter l'estime et l'attachement.

Avis. Ayez soin de mettre la différence convenable dans la comparaison que vous allez faire de la dignité d'évêque et de l'amitié d'un homme de bien.

§ III.

Lettres de Condoléances.

☞ PRÉCEPTES PARTICULIERS, tome 1ᵉʳ, page 207.

Nº 7. — A une Dame veuve.

Une dame perdit son mari; mais elle avait deux enfants qui faisaient sa consolation, Edouard et Sophie. Sophie meurt à 17 ans. La dame vous a écrit cette triste nouvelle, et vous a dépeint tout son malheur. Ecrivez-lui une lettre de condoléance.

Oui, vous êtes extrêmement malheureuse..... Non seulement vos amis, mais les personnes étrangères..... partagent vos douleurs — ..... Sophie, si jeune, est digne d'être pleurée — .....

Vous pouviez vous considérer comme la plus heureuse des mères avec deux enfants si accomplis — ..... Vous étiez doublement heureuse — ..... Votre fils ne peut-il faire votre consolation? — ..... Quels sont les parents qui ne se contenteraient pas d'Edouard?..... Ne seriez-vous pas encore heureuse si vous n'aviez pas été la mère de Sophie? —

Vous avez dans Edouard tout ce qu'il faut pour votre félicité — ..... Si vous n'eussiez eu que lui, vous seriez contente — Faut-il que le souvenir de Sophie empoisonne le bonheur réel qui vous reste? — .....

Pour qui regrettez-vous votre fille? — ..... Est-ce pour vous? à la bonne heure; mais faut-il vous désespérer cruellement? Edouard n'est-il pas là? — ..... Est-ce pour Sophie? Oui, tout le monde la regrette; mais est-elle malheureuse où elle est? a-t-elle été heureuse pendant sa vie? l'eut-elle été toujours, si elle eût vécu? Jugez en par les maux que vous souffrez —..... Elle eût pu devenir mère d'une fille et ne pas avoir un fils pour se consoler. —

Avis. Cette lettre mérite d'être travaillée avec le plus grand soin. Dans le dernier paragraphe, appelez la religion à votre secours; parlez des vertus et du bonheur de Sophie. L'auteur a négligé ces considérations, comme vous le verrez par le modèle, et c'est bien dommage. Cette lettre eût été parfaite sans cet oubli.

N° 8. — A un Malade.

Un malade vous a écrit autant pour vous faire connaître son état que pour ne point vous alarmer. Il n'est votre parent que par alliance, et cependant vous vous intéressez à lui comme s'il était de votre famille. Les relations d'une parente vous avaient d'abord fait pleurer; mais vous voyez que le malade n'est point en danger, vous espérez qu'il sera bientôt guéri. Vous le désirez ardemment, et comme vous connaissez la maison qu'il habite, demandez-lui dans quelle chambre il est, et dites pourquoi.

Avis. Toutes les idées sont mélangées dans ce canevas et sans disposition suivie. Tâchez de commencer par le commencement, c'est-à-dire par l'idée la plus naturelle.

N° 9. — Réponse à un Magistrat.

Vous avez eu le malheur de perdre madame

votre mère ; un ami de votre famille , président de cour, vous a fait son compliment de condoléance. Répondez-lui.

Votre politesse ne doit point craindre, monsieur, de renouveler ma douleur... Je suis persuadé que vos larmes ont coulé —... Vous avez perdu une amie incomparable — ... Et moi !... comme elle m'aimait ! — Je ne me console que par mes larmes — Je n'ai point encore la force de lever les yeux au ciel... Je regarde toujours autour de moi et je ne la trouve plus... Quelle force me serait nécessaire ! — J'étais loin de m'attendre à ce malheur — Je le souffre... Je suis digne de votre pitié —...

Avis. Saisissez avec plus d'empressement que l'auteur l'idée qu'il ne fait qu'indiquer. Recourez à Dieu pour vous consoler.

§ IV.

Lettres de Demandes.

PRÉCEPTES PARTICULIERS, tome 1er, page 208.

N° 10. — A un Ami.

Un officier d'artillerie est au fond de l'Italie, dans la Calabre , pendant les guerres de l'empire, il est là sans soldats, sans canons, dans une inaction complète ; pendant que ses amis se battent en Allemagne, et qu'ils conquèrent des grades à la pointe de leurs épées, lui, sans espoir d'avancement militaire ou géographique, passe sa vie sur les bords de la mer. Désespéré, il écrit à un de ses amis à Paris pour le prier de s'employer à le tirer du fond de cette botte. (1) Que cet ami fasse tout par pitié ou par amitié, peu importe; qu'il voie le maréchal Duroc qui les protége tous deux; si rien ne peut réussir, que la volonté du ciel soit faite!

Avis. Cette lettre devra être familière. Vous tutoyerz votre ami. Une espèce d'humeur gaie, convenable au ton militaire, percera au milieu du dépit que l'écrivain éprouve dans sa position.

N° 11. — A une Protectrice.

Je vous suppose un guerrier qui a gagné cent batailles. Vous avez une sœur religieuse. En partant pour l'armée, vous avez pris la liberté de parler de votre sœur à une personne de Cour. Cette sœur est à Vienne depuis trente ans, sa conduite a toujours été parfaite, vous voudriez voir cette bonne sœur abbesse d'un monastère.

---

(1) L'Italie a, sur la carte, la forme d'une botte.

Demandez à votre protectrice cette dignité pour madame votre sœur. Le roi récompense la valeur, ne doit-il pas récompenser les prières?

Avis. Lettre respectueuse, mais franche. Style d'un homme assuré du succès de sa démarche.

N° 12. — Scarron au duc de Retz.

Scarron, envers qui le duc de Retz se montra souvent généreux, et qui en avait reçu la veille les œuvres de Voiture, s'adresse à lui pour solliciter une faveur bien autrement importante, mais qui n'effraiera en aucune manière un duc de Retz. Il lui demande protection pour un gentilhomme qui a tué un fanfaron en duel, et qui ne peut se hasarder à sortir de Paris. Il faudrait donc qu'il fût logé dans l'hôtel du duc, où il sera en sûreté. Le duc sera bien aise d'avoir protégé ce gentilhomme, qui pourra moucher ses chandelles à coups de pistolets, et il remerciera l'écrivain qui lui promet, en revanche, de ne point laisser passer les occasions de mettre à contribution sa générosité.

Avis. Scarron est, en poésie, le héros du style burlesque. Sa prose, quoique plus sérieuse, a un ton comique qui rend cette lettre agréable et piquante. Suivez l'ordre des idées du Canevas. A vous tout le mérite du style.

§ V.

Lettres de Remercîments.

☞ PRÉCEPTES PARTICULIERS, tome 1er, page 210.

N° 13. — A M. le duc de Noailles.

Je viens de recevoir votre lettre du premier juillet, monsieur, par laquelle je vois la grâce que le roi m'a faite à votre sollicitation. Votre bonté me touche sensiblement. —... Aidez-moi, monsieur, à vous bien remercier... Je vais partir pour Paris. — Si je pouvais vous y voir? —...

N° 14. — A Mme de Grignan.

Madame de Sévigné a demandé des nouvelles à sa fille. Celle-ci lui a répondu point par point et avec une telle attention, que madame de Sévigné en est enchantée. Elle remercie sa fille; mais après cette effusion cordiale, elle la prie de ménager sa santé en écrivant moins longuement.

Avis. C'est ici qu'il faut vous distinguer par la délicatesse du sentiment. Vous remercierez d'abord, et vous parlerez de votre plaisir à lire ce qu'on vous a envoyé. C'est une autre manière de remercier. Vous pouvez même, dans le conseil, faire entrer un remercîment, mais qn'il est délicat! Il faudrait tâcher de dire sans affectation, sans grands mots, en une seule phrase, que vous faites un sacrifice en engageant votre correspondante à ne pas écrire souvent, parce que vous avez trop de plaisir à lire ses lettres; mais il faut tourner cela autrement. Si vous réussissez, vous aurez trouvé une des pensées les plus délicates de madame de Sévigné.

N° 15. — A Mme de Grignan.

Madame de Grignan a envoyé à sa mère, sans la prévenir, un beau chapelet, enrichi d'une croix de diamants et d'une tête de mort de corail. Madame de Sévigné remercie sa fille.

AVIS. Jouez d'abord la surprise, comme si vous ne saviez de qui vous vient ce chapelet; on vous l'envoie sans doute à cause de votre grande dévotion; mais il vous semble l'avoir vu quelque part, faites semblant de demander une explication, puis, découvrez-vous tout-à-fait. Pourquoi est-il venu tout seul à Paris, sans être accompagné par sa maîtresse? Quoiqu'il en soit, c'est un présent digne d'une reine. Remerciez.

§ VI.

Lettres d'Excuses.

PRÉCEPTES PARTICULIERS, tome 1er, page 211.

N° 16. — Racine à sa Cousine.

Il voulait lui écrire il y a huit jours, mais il

ne le put pas. — C'est une grande affaire pour lui. — Autrefois il lui fallait peu de temps pour écrire, mais ce temps est passé. — Sa cousine est loin, — quand il n'était qu'à quelques lieues, ce voisinage l'inspirait presque autant que la vue. — Mais cent cinquante lieues refroidissent l'imagination, — quand même ses lettres seraient bien reçues, il ne ne serait pas content d'être si loin —... Après tout, il faut écrire, mais quoi ! — il ne sait rien, — il demande huit jours pour travailler —... et mener à bonne fin cette grande entreprise...

Avis. Cette lettre, qui décline l'honneur de ce nom, n'est pas moins une lettre fort spirituelle. C'est une aimable plaisanterie. Que votre style soit enjoué et familier, quoique rempli des égards dus à une demoiselle.

N° 17. — Mme de Lafayette à Mme de Sévigné.

Madame de Sévigné est en Provence ; elle a écrit à madame de Lafayette une lettre de reproches sur sa paresse à écrire. Celle-ci s'excuse.

Hé bien ! pourquoi crier? — Je vous ai dit d'attendre, pour me juger, que vous soyez ici —... Mes journées sont remplies ; vous me direz : *Et votre homme d'affaire ?* Il court et moi aussi. — *Et quand vous rentrez ?* — J'ai du monde. — *Et quand le monde est parti ?* — Moi je pars. — *Mais le matin? mais l'aprés dîner ?* — Je suis malade... Vos heures sont libres en Provence ; vous aimez à écrire, — Moi... Je vous aime toujours...

Avis. Cette lettre d'excuse sera un peu originale. Elle se fera pardonner par le ton amical et la familiarité plaisante de la forme.

N° 18. — A Mme de Grinand.

Madame de Sévigné ne recevait pas exactement les lettres de sa fille, et l'avait chagrinée à ce sujet. Elle s'excuse et témoigne son repentir. Quand le cœur souffre, dit-elle, on se plaint à ceux qu'on aime. — Est-on parfaite? — Non...

Avis. Petite lettre courte et sentimentale.

§ VII.

Lettres de Nouvelles.

☞ PRÉCEPTES PARTICULIERS, tome 1er, page 212.

N° 19. — A M. de Grignan.

Mandez-lui la mort de madame la duchesse

de Saint Simon, après dix-huit jours de maladie. Tout le monde en est affligé —...

Avis. Une nouvelle n'est point une narration. Soyez court.

N° 20. — Le maréchal de Luxembourg à Louis XIV.

Nouvelle de la victoire de Nerwinde.

Artaignan, témoin oculaire des faits, vous donnera des explications. — Vos ennemis et vos troupes se sont bien comportés. — Vous m'aviez recommandé de gagner une bataille et de prendre la ville, c'est ce que j'ai fait. —

Avis. Lettre courte.

§ VIII.

Lettres de Recommandations.

☞ PRÉCEPTES PARTICULIERS, tome 1er, page 215.

N° 21. — Voiture à M. le président de Maisons.

Madame de Marsilly croit à mon crédit près de vous —.... C'est une personne très estimée et puissante, — si elle gagne son procès et qu'elle s'imagine que j'y ai contribué, cela me fera beaucoup d'honneur. — Je ne vous parle que de moi, et non de vous; — autrement, je vous parlerais de la protection de cette dame. —... C'est un grand bien qui ne dépend que de votre justice. —

Avis. Cette lettre est facile à faire. Suivez l'ordre naturel des idées et changez les termes.

N° 22. — A Mme de Grignan.

Madame de Sévigné lui recommande Monsieur de la Brosse, homme fort estimable, fils d'un ami de la famille, et que madame de Grignan elle-même connaît parfaitement.

Avis. Petite lettre d'une douzaine de lignes, où l'on fera ressortir les titres de M. de la Brosse à un bon accueil.

N° 23. — A Mme de Grignan.

C'est encore madame de Sévigné qui parle. Je vous écris tous les jours ; c'est une joie pour moi. Elle me rend très favorable à ceux qui me demandent des lettres... En voici une pour M. *** — Je ne sais pas son nom, — mais c'est un fort honnête homme, spirituel, et que nous avons vu toutes deux ici. —

Avis. Ne touchez pas aux deux premières lignes du canevas. Changez tout le reste excepté les mots : *C'est un fort honnête homme.* Style aisé et vif.

§ IX.

Lettres de Conseils.

☞ PRÉCEPTES PARTICULIERS, tome 1er, page 214.

N° 24. — A Mme de Grignan.

Madame de Grignan s'était plaint à madame de Sévigné que sa fille Pauline avait beaucoup de défauts, et qu'elle était sortie de pension bien moins parfaite qu'elle ne l'espérait. Madame de Sévigné engage madame de Grignan à être moins exigeante. Elle loue Pauline, elle lui croit de l'esprit. — Cette enfant est aimable... peut-on être parfaite... aviez-vous cette espérance?... votre imagination va trop loin; — Pauline songe à plaire, à se corriger, elle vous aime...

AVIS. Voici le commencement de la lettre :

« Ma chère enfant, votre vie de Marseille me ravit; j'aime cette ville qui ne ressemble à nulle autre. Ah! que je comprends bien les sincères admirations de Pauline! que cela est naïf! que cela est vrai! que toutes ses surprises sont neuves! que je lui crois un esprit... (Suivez le canevas.)

N° 25. — Racine à son Fils.

Racine était au camp de Thiensies, et son

fils à Paris au collége. Celui-ci avait rendu compte à son père, de ses lectures et lui avait envoyé une épigramme. Voici les conseils qu'il lui donne : Vous me faites plaisir de me rendre compte des lectures que vous faites. Mais n'étudiez pas seulement les poètes français —... Ceux de l'antiquité doivent être vos modèles. —

Quant à votre épigramme, elle est médiocre —... Ne faites pas de vers, surtout contre quelqu'un —... Ne prenez pas exemple sur M. Boileau, — c'est un talent hors ligne —... Puisqu'il a la bonté de causer avec vous, c'est un bonheur dont vous devez profiter —... Soignez davantage votre écriture —...

Que *tout cela* ne vous chagrine point, car du reste, je suis très content de vous...

Avis. C'est un père qui parle à son jeune fils. Style grave et pourtant bon et tendre. Faites bien attention aux signes du canevas. Dans les deux premières lignes du 3e alinéa, ne changez que les mots : *tout cela.*

N° 26. — Mme de Sévigné à M. de Grignan.

M. de Grignan, gouverneur de la Provence, vivait assez mal avec l'évêque de Marseille. Madame de Sévigné voyait avec peine cette mésintelligence; elle exhorte son gendre à la faire cesser.

Je veux vous parler de M. l'évêque de Marseille, et vous conjurer, par toute la confiance que vous avez en moi, de suivre mes conseils sur votre conduite avec lui; je connais les manières des provinces, et l'esprit qui y sème les divisions... M. de Marseille est adouci, — ne le traitez pas en ennemi —... Croyons ses paroles —... Point de méfiance —... La confiance, au contraire, engage à bien faire... Ne soyez pas dûr —... Il n'y a point de haine en son cœur —... Ces avis ne sont point de moi seule, mais de tous ceux qui vous aiment —... Il faut croire les hommes sur parole, jusqu'à ce que les actions les démentent. — Si l'on allait prendre un ami pour un ennemi ! —...

Avis. Cette lettre est un appel à la raison d'un homme juste, écrivez-la en conséquence ; excusez-vous à la fin d'être si sévère.

§ X.

Lettres de Reproches.

PRÉCEPTES PARTICULIERS, tome 1er, page 215.

N° 27. — Saint Ambroise à l'empereur Théodose.

L'empereur Théodose, irrité contre la ville de Thessalonique qui s'étaient révoltée, avait fait passer ses habitants au fil de l'épée. Saint Ambroise lui reproche ce crime.

Prince, vous avez du zèle pour la foi, vous avez la crainte du Seigneur. J'en conviens —; mais vous avez un caractère, généreux quand vous êtes calme, emporté quand vous êtes aigri. — Si personne ne le modère, je souhaite que personne ne l'enflamme. —

J'ai voulu vous laisser réfléchir avant de vous écrire — …

La ville de Thessalonique a été le théâtre d'une cruauté sans exemple et sans excuse —…

Vous avez péché comme le roi David, l'imiterez-vous dans sa pénitence ? — …

Je ne veux point vous humilier, mais vous prier de crier miséricorde au ciel — …

Triomphez de votre colère. — Songez à Dieu et à vous-même. — Ecoutez ma voix. —

Que je suis affligé de voir coupable un empereur jusqu'à présent modèle de toutes les vertus ! — … Je le serais plus encore si je le voyais endurci dans son crime —… Recouvrez votre réputation de bonté — …

Quoique dévoué à votre majesté, je ne puis consentir à vous laisser assister au saint sacrifice — … J'agirais ainsi si vous n'étiez coupable de la mort que d'une seule personne — …

J'imite les prophètes; imitez les saints. —

Avis. Sous le voile d'une invitation paternelle au repentir, cette lettre n'est pas moins une réunion de reproches très vifs et très justes. Tâchez de saisir ce ton de grandeur, qui est fort au-dessus du style épistolaire, mais qui convient à un évêque qui parle du péché, de la justice de Dieu, de la pénitence et de la miséricorde divine.

N° 28. — A un Comte.

La domestique d'un homme peu fortuné attendait de Blois un panier de beurre. Ce beurre arriva bien à Paris, mais il fut, par erreur, remis à un comte qui ne fit aucunes difficultés de le recevoir et de le manger. Cependant la domestique apprend trop tard le mauvais chemin qu'a pris son beurre, et va le réclamer; mais le comte ne peut le lui rendre, il refuse de le lui payer, et la fait chasser par ses valets. Voilà un vilain procédé. Comme cette malheureuse femme ne sait pas écrire, elle vous prie d'écrire au comte une lettre de reproches au sujet de sa conduite envers elle.

Avis. Voici une occasion délicate où il faudra employer décemment mais vivement l'ironie. Vous êtes inconnu au comte mais vous venez lui offrir des excuses et de l'argent; il sera ravi de votre lettre. Viendra l'exposé du fait. Vous avez tâché de consoler la bonne femme; elle a eu tort d'aller réclamer son bien; elle est trop honorée qu'un comte ait mangé son beurre ; les valets ne sont faits que pour chasser les importuns. Convaincue par ces bonnes raisons, la domestique vous charge de présenter ses excuses au comte, et souhaite que son beurre lui ait paru bon. Elle vous charge encore d'offrir à M. le comte le remboursement du port que ce beurre a dû coûter. Cette lettre va vous divertir, tirez-vous en bien.

N° 29. — A un Ami.

Vous avez la goutte, et ne pouvez bouger de votre lit depuis quinze jours. Un de vos amis, grand seigneur, ayant valets et laquais, vous oublie si bien qu'il ne fait pas même demander de vos nouvelles. Cela eut fait pourtant votre consolation. Pourquoi cet oubli, cette indifférence, de la part d'un homme que vous aimez et qui se dit votre ami? Reprochez-lui ses torts.

DÉCOMPOSITIONS.

MODÈLES, tome 1er, page 216.

N° 30. — Voiture au prince de Condé.

Monseigneur,

Je crois que vous prendriez la lune avec les dents, si vous l'aviez entrepris. Je n'ai garde de m'étonner que vous ayez pris Dunkerque ; rien ne vous est impossible. Je suis seulement

en peine de ce que je dirai à votre Altesse là-
dessus, et par quels termes extraordinaires je
lui pourrai faire entendre ce que je conçois
d'elle.

A nous autres beaux esprits, qui sommes
obligés de vous écrire sur les bons succès qui
vous arrivent, c'est une chose bien embarras-
sante que d'avoir à trouver des paroles qui répondent à vos actions, et de temps en temps
de nouvelles louanges à vous donner. S'il vous
plaisait vous laisser battre quelquefois, ou lever seulement le siége de devant quelque place,
nous pourrions nous sauver par la diversité,
et nous trouverions quelque chose de beau à
vous dire sur l'inconstance de la fortune et sur
l'honneur qu'il y a à souffrir courageusement
ses disgrâces ; mais, dès vos premiers exploits,
vous ayant mis, avec raison, de pair avec
Alexandre, et voyant que de jour en jour
vous vous élevez davantage ; en vérité, Monseigneur, nous ne saurions où vous mettre, ni
nous aussi, et nous ne trouvons plus rien à
dire qui ne soit au-dessous de vous.

Avis. Voiture a eu, de son vivant, une réputation que la
postérité ne lui a point conservée. Il mérite à peine, par l'affectation de son style, d'être mis au nombre des épistolaires. La
lettre précédente est une des meilleures qu'il ait écrites, elle
a cependant beaucoup de défauts. Armez-vous donc du fouet

de la critique, tout en montant sur le piédestal de l'admiration. (Pardon de cette phrase à *la Voiture*.) — Que pensez-vous de l'hyperbole qui commence la lettre? — La seconde phrase est-elle bonne? — Que dire de la troisième? — L'expression, *à nous autres beaux esprits*, est-elle modeste? — Ne voyez-vous pas de l'affectation dans cette manière de parler de l'embarras à écrire un éloge? Cela prouve-t-il dans l'écrivain la facilité, la grâce et le naturel? Et la supposition, n'est-elle pas mieux? Dans la phrase disjonctive qui commence à *mais*, ne voyez-vous pas avec peine revenir l'hyperbole? Ces mots, *nous ne saurions où vous mettre ni nous aussi*, sont-ils dignes d'un prince et d'un *bel esprit*? Enfin, la dernière ligne mérite-t-elle des éloges?

Il faut, en répondant à ces questions, lier le style de manière à présenter une analyse suivie.

Au fond, dites-nous si vous voyez dans la lettre des traces de disposition. A quel genre appartient la lettre?

N° 31. — Mme de Sévigné à Mme de Grignan.

Vous ne devez souhaiter personne pour faire des relations : on ne peut les faire plus agréablement que vous. Je crois de votre Provence toutes les merveilles que vous m'en dites ; mais vous savez fort bien les mettre dans leur jour, et si le beau pays que vous avez vu pouvait vous témoigner les obligations qu'il vous a, je suis assurée qu'il n'y manquerait pas. Je crois qu'il vous dirait aussi l'étonnement où il doit être de votre dégoût pour ses divines senteurs ; cependant, je le comprends, ma fille, la chose du monde la plus malsaine, c'est de dormir parmi les odeurs. Enfin, les meilleures choses sont dégoûtantes, quand elles sont jetées à la tête. Ah! le beau sujet de faire des réflexions! vous me disiez l'autre jour un mot admirable là-dessus, qu'il n'y a point de délices qui ne perdent ce nom, quand l'abondance et la facilité les accompagnent. Je vous avoue que j'ai une extrême envie de faire cette épreuve. Comment ferez-vous pour me faire voir un petit morceau de vos pays enchantés?...

Le comte de Chapelles m'a écrit de l'armée; il me prie de vous faire cinq cent mille compliments. Il dit qu'hier, (je ne sais quel jour c'était que son hier) il s'était trouvé dans une compagnie où votre mérite et votre sagesse avaient été élevés jusqu'au-dessus des nues, et que même on y avait compris le goût et l'amitié que vous avez pour moi. Si cette fin est une flatterie, elle m'est si agréable que je la reçois à bras ouverts.

Adieu, ma très aimable fille, n'espérez pas que je puisse jamais vous aimer plus parfaitement que je fais.

Avis. Voici une lettre bien différente de celle de Voiture. Il serait difficile de dire les choses avec plus de naturel et de gracieux abandon. Ne craignez pas de vous égarer ; il n'y a que des éloges à donner à ce style. — Parlez un peu du compliment qui commence la lettre, — de cette idée de prêter de la reconnaissance à une contrée, dont on a loué les charmes, — de ces émanations des fleurs qui rebutent par leur abondance, etc. Que donne à entendre spirituellement cette phrase entre parenthèse (je ne sais quel jour c'était que son hier)? — Ne pourriez-vous dire où se trouve une image charmante, qui peint une idée abstraite?

Au fond, cette lettre peut-elle être classée parmi les genres que nous avons vus? Y a-t-il gradation dans ces expressions d'amitié?

N° 32. — Boileau à Racine.

Je ne saurais, mon cher Monsieur, vous exprimer ma surprise; et quoique j'eusse les plus grandes espérances du monde, je ne laissais pas encore de me méfier de la fortune de M. le doyen. C'est vous qui avez tout fait, puisque c'est à vous que nous devons l'heureuse protection de Mme de Maintenon. Tout mon embarras maintenant est de savoir comment je m'acquitterai de tant d'obligations que je vous ai. Je vous écris ceci de chez M. Dongois, le greffier, qui est sincèrement transporté de joie aussi bien que toute notre famille; et, de l'humeur dont je vous connais, je suis sûr que vous seriez ravi vous-même de voir combien d'un seul coup vous avez fait d'heureux.

Adieu, mon cher Monsieur, croyez qu'il n'y a personne qui vous aime plus sincèrement ni par plus de raisons que moi.

Avis. Racine avait fait obtenir à M. l'abbé Dongois, parent de Boileau, le poste de chanoine de la Sainte-Chapelle. Boileau remercie Racine de cette faveur. Voyez s'il le fait avec assez de chaleur et de délicatesse, et n'oubliez pas qu'il écrit à un ami.

N° 33. — Mme de Sévigné à Mme de Grignan.

Quand on compte sans la providence, ma chère fille, on court risque souvent de se mécompter. J'étais toute habillée à huit heures, j'avais pris mon café, entendu la messe, tous les adieux faits, le bardot chargé. Les sonnettes des mulets me faisaient souvenir qu'il fallait monter en litière; ma chambre était pleine de monde qui me priait de ne point partir, parce que depuis plusieurs jours il pleut beaucoup et depuis hier continuellement, et même dans le moment. Je résistais hardiment à tous ces discours, faisant honneur à la résolution que j'avais prise, et à tout ce que je vous mandai hier par la poste, en assurant que j'arriverais jeudi, lorsque tout d'un coup M. de Grignan, en robe de chambre d'omelette, m'a parlé si sérieusement de la témérité

de mon entreprise, que mon muletier ne sui-
vrait pas ma litière, que mes mulets tombe-
raient dans les fossés, que mes gens seraient
mouillés et hors d'état de me secourir, qu'en
un moment j'ai changé d'avis, et j'ai cédé à ses
sages remontrances. Ainsi, coffres qu'on rapporte, mulets qu'on dételle, filles et laquais
qui se sèchent pour avoir seulement traversé
la cour, et messager que l'on envoie, connais-
sant vos bontés et vos inquiétudes, et voulant
aussi apaiser les miennes, parce que je suis
en peine de votre santé et, que cet homme,
ou reviendra nous en rapporter des nouvelles
ou me trouvera par les chemins, ou, en un
mot, ma chère enfant, il arrivera jeudi au
lieu de moi; et moi, je partirai véritablement,
quand il plaira au ciel et à M. de Grignan,
qui me gouverne de bonne foi, et qui comprend toutes les raisons qui me font souhaiter
passionnément d'être à Grignan. Enfin, ma
fille, me voilà, ne m'attendez plus; je vous
surprendrai et ne me hasarderai point de peur
de vous donner de la peine, et à moi aussi.
Adieu, ma très chère et très aimable, je suis
fort affligée d'être prisonnière à Lambesc, mais
le moyen de deviner des pluies qu'on n'a point
vues dans ce pays depuis des siècles.

Avis. Il y a quelques figures dans cette lettre ; il faut les trouver. — Indiquez les trois petites descriptions qu'elle renferme. Toutes les idées quoique suivies, ne sont-elles pas exprimées dans un style un peu en désordre et qui sent la précipitation ? N'y a-t-il pas une image un peu grotesque ? — De quel genre est cette lettre ? — Ne faites pas trop longue votre analyse.

DÉFINITIONS.

☞ PRÉCEPTES DU GENRE, tome 1er, page 219.

COMPOSITIONS.

No 34. — L'Esprit.

Qu'est-ce que l'esprit ?... selon la nature, c'est un feu qui s'amortit par les accidents de la vie... C'est la partie de l'âme qui vieillit avec le corps... Selon Dieu, c'est une partie de nous mêmes qui, curieuse et abandonnée à ses propres forces, est sujette à se tromper...

Avis. 1o Cette définition doit être plus oratoire que philosophique. L'esprit est moins considéré comme faculté intellectuelle, que comme une puissance périssable et orgueilleuse. Ne perdez pas de vue cette considération toute chrétienne. 2o Les accidents de la vie sont les maladies, la faiblesse du tempérament, la fragilité des organes, etc. 3º Employez à la fin le contraste et l'antithèse, en faisant ressortir l'orgueil de l'esprit humain d'une part de l'autre l'humilité de la foi chrétienne.

Nº 35. — Le Flatteur.

Qu'est-ce que le flatteur? C'est un esprit servile, qui loue en public vos regards, vos paroles, vos actions, vos penchants, vos liaisons, vos défauts, mais qui les condamne en secret. — Quelquefois jaloux, joyeux au dehors, mais triste au dedans de soi. — Souvent ennemi qui cache sa haine... Toujours vil et rampant, qui donne à sa dégradation le nom de talent...

Avis. 1º Cette définition morale comprend trois espèces de flatteurs. La première est le flatteur *dissimulé*. Il faudra étendre, au moyen de verbes exprimant les idées convenables, les six choses que loue le flatteur. L'énumération telle qu'elle est dans le canevas serait trop sèche. 2º Ne donnez au flatteur *jaloux* qu'un coup de pinceau sévère et vigoureux. 3º Trois lignes suffiront pour peindre le flatteur ennemi. 4º Enfin, quelques traits mordants achèveront la définition, en faisant paraître tout flatteur, comme un être vil et rampant.

Nº 36. — Une Armée.

Qu'est-ce qu'une armée? C'est un corps mu par différentes passions dirigées par un seul homme... C'est une multitude d'âmes qui ne travaillent pas pour elle. — C'est un assemblage d'aventuriers, de lâches; de téméraires et d'impatients... Quelle prudence ne faut-il pas pour les conduire? — Comment se faire craindre? —... Comment se faire aimer? —... sans tomber dans des excès funestes...

Avis. Définition oratoire. Grands coups de pinceau. Au profit de qui un général doit-il émouvoir les passions d'une armée? Pour qui travaillent ces ames? Qu'est-ce qu'il faut faire de chacune de ces quatre espèces d'hommes: aventuriers, lâches, téméraires, impatients? Quel est l'excès de l'art de se faire craindre? Quel est celui du talent de se faire aimer? Mettez chaque chose à sa place.

Nº 37. — La Religion.

Qu'est-ce que la Religion? Une philosophie sublime qui démontre l'ordre, l'unité de la nature, et explique l'énigme du cœur humain; c'est le plus puissant mobile pour porter l'homme au bien... Elle aide à la conscience, — joint la bienfaisance à l'humanité, — elle transforme les pauvres, nos ennemis et Dieu même, — c'est le culte du cœur... le plus beau des codes, dont tous les articles sont divins. —

Avis. 1º Prouvez par la foi comment la Religion porte l'homme au bien. 2º La conscience nous commande les vertus, comment la Religion lui aide-t-elle? 3º Que nous fait voir la Religion dans les pauvres, dans nos ennemis, dans Dieu?

N° 38. — L'Ange Gardien.

L'ange gardien est un ministre fidèle des ordres secrets du Créateur.... Tout homme a le sien... Il arrive à notre naissance, — Il accompagne notre âme après notre mort. —

Avis. Vous n'avez que deux développements à faire. 1° Quels sont les ordres que Dieu donne à l'ange gardien, en l'envoyant près d'un nouveau-né? 2° Que fait l'ange gardien près de nous? Ces détails ne sont pas difficiles à trouver; mais ne vous étendez pas trop; songez que vous faites une définition et non pas une description, vous avez, en outre, deux changements de termes à opérer; l'idée étant un peu abstraite, tâchez de trouver des images qui peignent si bien l'ange gardien, qu'on croie le voir agir sur terre et dans les cieux.

N° 39. — La Violette.

La violette est fille du printemps, — elle se plaît dans les bocages; son parfum, sa modestie, — elle ressemble à un bienfaiteur discret. — Elle végète obscure, — souvent foulée aux pieds; — comparée à la rose, c'est l'aurore près de l'éclat du jour... que ne croît-elle en nos jardins!... Mais non, il vaut mieux qu'elle reste cachée. — Heureux qui vit comme elle!

Avis. Il ne vous est pas difficile de voir que cette définition doit être poétique, c'est-à-dire, embellie de tous les charmes du style. Quant vous aurez décrit l'humble fleur, vous lui adresserez la parole, et l'inviterez à venir dans nos jardins, mais vous corrigerez ce mouvement de la manière indiquée par le Canevas.

N° 40. — La Médisance.

La médisance est un feu dévorant qui consume tout ce qu'il touche... Il creuse la terre et attaque les morts, — qui, presque éteint, agit avec plus de violence, — qui brille et noircit....

C'est un orgueil secret... une envie basse... une haine déguisée... une duplicité indigne... une légéreté honteuse... une barbarie de sang-froid...

La médisance est un mal inquiet, qui trouble la société... partout ennemie de la paix, de la douceur et de la politesse. Enfin, c'est une source pleine d'un venin mortel... Toutes ses manières... distillent le poison. —

Avis. Voici une définition oratoire en trois points bien distincts. 1° La médisance est d'abord comparée à un feu dévorant. Voyez les effets du feu et appliquez-les à ce vice. 2° La médisance est considérée dans l'ordre moral; elle renferme une série de vices odieux dont vous aurez à flétrir la noirceur, par des traits où se peindra la médisance. 3° Considérée dans l'ordre physique, c'est une maladie réelle; faites res_sortir par une courte exposition, cet effet du trouble et de la désunion. Arrivé à la source empoisonnée, personnifiez le vice, en stigmatisant ses paroles, ses actions, son silence.

N° 41. — L'Histoire.

C'est un théâtre, où tous les morts se présentent à nous pour être jugés, — ils nous donnent des leçons par leurs exemples. — Tous les Etats... peuvent y apprendre leurs devoirs. —

Avis. Vous n'avez que trois pensées à développer, et une énumération rapide des principaux états de la société à faire.

DÉCOMPOSITIONS.

☞ LE MODÈLE, tome 1er, page 222.

N° 42. — Le Héros.

Est-on héros pour avoir mis aux chaînes
Un peuple ou deux? Tibère eut cet honneur.
Est-on héros en signalant ses haines
Par la vengeance? Octave eut ce bonheur.
Est-on héros en régnant par la peur?
Séjan fit tout trembler jusqu'à son maître.
Mais de son ire éteindre le salpêtre,
Savoir le vaincre et réprimer les flots
De son orgueil, c'est ce que j'appelle être
Grand par soi-même, et voilà mon héros.

J.-B. Rousseau.

Avis. Quelle est la figure qui est la plus frappante dans cette définition ? — Que fait-elle ressortir ? — Comment trouvez-vous cette métaphore ? *Le salpêtre de la colère.* — Cette définition est-elle claire et précise ?

Au fond, voyez-vous le genre, les rapports et la différence ? Indiquez-les.

N° 45. — L'Imagination.

L'imagination, rapide messagère
Effleure les objets dans sa course légère,
Et bientôt rassemblant tous ces objets divers
Dans les plis du cerveau reproduit l'univers,
Elle fait plus : souvent sa puissante énergie
Au monde extérieur opposant sa magie,
Dans un monde inconnu cherche à se maintenir,
Se dérobe au présent et vit dans l'avenir.
Source des voluptés, des erreurs et des crimes,
Elle a ses favoris comme elle a ses victimes ;
Et toujours des objets altérant les couleurs,
Ainsi que nos plaisirs elle accroît nos douleurs.
Mais pour elle c'est peu ; lorsque le corps sommeille
Elle aime à retracer les tableaux de la veille.
Je la vois au héros présenter des lauriers,
Au jeune homme un carquois, un char et des coursiers ;
Jeter le barde aux bords d'une mer blanchissante ;
Et quelquefois aussi terrible et menaçante,
Dans des rêves vengeurs effrayer les tyrans,
Ou présenter l'exil aux favoris des grands.
Déesse au front changeant, mobile enchanteresse,
Qui sans cesse nous flatte et nous trompe sans cesse ;
Mère des passions, des arts et des talents,
Qui, peuplant l'univers de fantômes brillants,
Et d'espoir tour à tour et de crainte suivie,
Ou dore ou rembrunit le tableau de la vie.

CHÊNEDOLLÉ.

Avis. Sous quelle forme cette définition est-elle présentée? Est-ce une description ou une allégorie? Quel est le but du poète en nous présentant cette suite d'images douces ou terribles? Comment trouvez-vous ce vers? *Dans les plis du cerveau reproduit l'univers.* Parmi les métaphores, quelle est celle qui est le plus de votre goût? Ne trouvez-vous rien à redire à cet hémistiche : *mais pour elle c'est peu*, quand le poète a dit plus haut : *elle fait plus?* Faites vos autres remarques sur la forme.

Pourriez-vous, au fond, indiquer les passages qui contiennent le genre, le rapport et la différence? Donnez une définition plus courte, plus précise et tout aussi claire.

PORTRAITS ET CARACTÈRES.

☞ PRÉCEPTES DU GENRE, tome 1er, page 223.

COMPOSITIONS.

N° 44. — Le Coq.

Le coq est fier — sa crête — son œil noir — son plumage — ses éperons — sa queue recourbée comme pour ombrager sa tête. —

Avis. De simples idées à exprimer en style concis et nerveux ; c'est là tout votre travail. Ne cherchez pas d'idées accessoires.

N° 45. — L'Homme.

Tout annonce dans l'homme le maître de la

terre. Tout marque, dans sa personne, sa su-
périorité..... Il se soutient droit et élevé —...
Son visage, miroir de l'âme —... Sa nature,
ses traits, son port, sa démarche —... Il touche à peine la terre —... Ses bras et ses mains
ne sont destinés qu'à de nobles usages —...

Lorsque l'âme est tranquille, toutes les
parties du visage sont dans un état de repos...
Lorsqu'elle est agitée, quels mouvements variés
les passions impriment à la physionomie! —...

C'est surtout dans les yeux que les agitations
se peignent... L'œil appartient à l'âme plus
qu'aucun autre organe...

Avis. Vous aurez à faire rapporter tous les traits de ce portrait à la dignité de l'homme et à l'excellence de sa nature, par
exempl : s'il se tient droit, c'est pour regarder le ciel ; s'il a le
port majestueux, c'est un signe de noblesse, etc. Vous détail-
lerez en finissant le premier paragraphe, les usages les plus
nobles des mains et des bras. Dans le second, soignez le passage
où les passions se reflètent sur le visage, lorsque l'âme est
agitée. Dans le troisième, tâchez de rendre avec justesse et délicatement les rapports de l'œil avec les sensations de l'âme.
Vous savez que l'œil pleure dans l'attendrissement, qu'il s'ouvre
dans l'étonnement, qu'il se ferme un peu dans la pitié, etc.
N'allez pas entrer dans ces détails, que je ne vous donne que
pour l'intelligence de l'idée générale. Contentez-vous de traits
larges, sans nommer aucune passion, non-seulement ici, mais
dans tout le portrait.

N° 46. — Fénélon.

L'humeur de Fénélon était égale, sa politesse affectueuse et simple, sa conversation féconde et animée. Une gaîté douce tempérait en lui la dignité de son ministère. Jamais sec ni amer dans son zèle pour la religion. — Il recevait à sa table les officiers de tous les partis qui venaient le voir. — L'épiscopat ne l'empêchait point de les recevoir. — Il donnait peu, vivait sobrement, ses mœurs étaient pures. — Il ne jouait jamais et ne s'ennuyait point. — Son seul plaisir était la promenade, qui servait encore à sa bienfaisance. — Il aimait à parler aux paysans. —

Il s'asseyait sur l'herbe avec eux —... Il entrait même chez eux et recevait leurs dons. — Sans doute ces hommes durent-ils raconter ces choses à leurs enfants. —

Avis. La fidélité d'un portrait particulier, empêche le développement d'idées, qui pourraient rendre tel ou tel homme méconnaissable. C'est pourquoi tout est exprimé complètement, mais changez tout ce style. Un seul endroit est indiqué pour une idée accessoire. C'est une petite comparaison à chercher dans l'histoire de France.

N° 47. — Le Français.

Voyagez partout et vous ne trouverez pas de peuple aussi doux... Il s'affecte pour des choses frivoles et néglige des objets importants. — Il aime à plaisanter, et craint lui-même le ridicule. — Son plaisir et sa joie durent peu —..... Il s'engoue sans être intolérant. — Il fait des chansons et des épigrammes sur les hommes d'état. — Brave, aimant tous les talents, il perfectionne les arts. —

Avis. Après la première idée, vous énumérerez les autres bonnes qualités du français. Les autres idées sont à peu près complètes ; exprimez-les bien.

N° 48. — L'Irrésolu.

L'homme sans résolution..... fait de nombreuses fautes —... Il est sa propre victime et celle des autres —... Il peut avoir de l'esprit mais c'est pour voir ses fautes —... Chacun profite de son faible, et il ne peut pas résister —... Il rougit de lui-même —...

Heureux le jeune homme qu'on a prémuni de bonne heure contre l'irrésolution ! —

Avis. En travaillant ce canevas, il faut prendre garde de

tomber dans le défaut que l'on dépeint. Que tous les traits soient saillants et forts. Aux premiers points, accumulation.— Quelles sont les suites des fautes? — Comment l'irrésolu, victime de sa bonté, est-il le jouet des autres hommes? — Pourquoi ses bonnes qualités lui sont-elles funestes. — Que fait-il en ne résistant pas? — Pourquoi rougit-il de lui-même? Ces questions résolues contiennent toute votre matière.

N° 49. — Charlemagne.

Charlemagne mit un tel tempérament dans les ordres de l'état qu'ils furent contrebalancés, et qu'il resta le maître. Tout fut uni, et l'empire se maintint par le génie du prince et de l'homme. —Il fit exécuter les règlements qu'il donna. — Dans ses lois, il prévoit tout —... Il savait punir et pardonner. — Vaste dans ses desseins il fut simple dans l'exécution.....

Il était modéré, doux, simple, affable. —

Il ordonnait qu'on vendît les œufs des basses-cours de ses domaines et les herbes inutiles de ses jardins; et il avait donné à ses peuples les trésors des Huns et des Lombards. —

Avis. Portrait historique. Fidélité scrupuleuse. Ton grave et sévère.

N° 50. — Le Prêtre.

Un prêtre est, par devoir, l'ami des malheureux... Su vie n'est qu'un long dévoûment... Qui de vous consentirait à échanger comme lui les joies domestiques... contre des travaux obscurs..... pour ne recueillir que l'amertume — ... Vous dormez encore quand il commence ses bonnes œuvres. — **Déjà il a soulagé le pauvre...**

Après cette journée, le soir arrive, mais le repos n'arrive pas. — **A l'heure où vous courez aux plaisirs du monde** — ... **le prêtre part** — **il va visiter un chrétien mourant** — ...

Voilà le prêtre.

Avis. Voici un canevas facile. Tous les jours vous avez votre modèle sous les yeux; peignez-le.

N° 51. — Le Bavard.

Arrias a tout vu, tout lu, il veut le persuader ainsi. C'est un homme universel... aime mieux mentir que de se taire... On parle à table d'un grand d'une cour du nord; il prend la parole... Il raconte ses voyages et ses aventures dans cette contrée lointaine — ... Quelqu'un lui prouve qu'il ment. — *Arrias* ne se trouble point... « Je n'avance rien, dit-il, que je ne sache parfaitement. *Séthon*, ambassadeur de France, m'a tout raconté — ... « Il reprenait le fil de sa narration... quand un convié lui dit. « Vous parlez à *Séthon*. » —...

AVIS. Caractère. Il est inutile de vous recommander de conserver à ce morceau ce tour pittoresque, et les deux phrases où l'auteur peint par la conversation.

N° 52. — L'Oiseau-Mouche.

De tous les êtres animés, voici le plus élégant pour la forme et le plus brillant pour les couleurs. Les pierres et les métaux... sont moins éclatants. — C'est le plus petit des oiseaux et le chef-d'œuvre de la nature. — Elle lui a donné tous les dons que les autres oiseaux n'ont qu'en partie. — Ses habits sont couverts de topaze, de rubis et d'émeraudes. — Il ne se pose point à terre —... Il vit avec les fleurs et de leur nectar. —

C'est dans les contrées les plus chaudes du Nouveau-Monde... que se trouvent toutes les espèces d'oiseaux-mouches. S'ils s'avancent dans les zônes tempérées, ils suivent le soleil et s'en retournent avec lui. —

Rien n'égale la vivacité de ces petits oiseaux, si ce n'est leur courage ou plutôt leur audace. Ils attaquent de gros oiseaux, et les frappent à coups redoublés. — Ils se battent entre eux,

— Impatients, s'ils trouvent une fleur fanée, ils la maltraitent. — Ils n'ont point d'autre voix qu'un petit cri fréquent et répété; ils le font entendre dans les bois dès l'aurore, jusqu'à ce qu'aux premiers rayons du soleil, tous prennent l'essor et se dispersent dans les campagnes.

AVIS. Vous ne toucherez point à la première et à la dernière phrase de ce portrait, ainsi qu'à celles qui commencent les alinéas.

N° 53. — L'Usurier.

Saisissez-vous bien sa figure pâle et blafarde à laquelle je voudrais que l'Académie me permit de donner le nom de face *lunaire*, et qui ressemblait à du vermeil dédoré. Mon usurier s'appelait Gobseck. — Ses cheveux étaient plats, soigneusement peignés et d'un gris cendré... Face impassible, petits yeux jaunes, sans cils, protégés par une visière verte, nez extrêmement pointu. — Il était doux dans son ton et sa conduite. — On ne savait son âge. — Tout chez lui était propre mais usé —..... Il économisait son bois, en hiver. — Sa vie était régulière. — Semblable au cloporte qui s'arrête quand on le touche, il s'interrompait au

passage d'une voiture —... Vers le soir seulement il vivait et riait s'il était content —.....
Mais il ne parlait que par monosyllabes. —
Voilà mon voisin. — Il ne communiquait qu'avec moi —... Nous causions ensemble. —
Cette confiance qu'il me témoignait depuis quatre ans venait de ma bonne conduite ; car j'étais sans argent. — Du reste on ne savait s'il était riche ou pauvre, s'il avait une famille.
— Il faisait toutes ses affaires lui-même. — Il fut un jour victime de son soin à se cacher ; il laissa tomber dans l'escalier un double Napoléon ; quelqu'un qui le suivait voulut le lui rendre ; mais il le refusa, disant qu'il n'était pas à lui. — Il faisait son café —... et on lui apportait son dîner. —

Avis. Vous réserverez pour la fin le nom de l'usurier, afin de clore dignement ce caractère. Pourquoi s'interrompait-il au passage d'une voiture ? Comment riait-il quand il était content ? Quels services peuvent se rendre des voisins ? Ces questions sont pour vous aider à développer les idées sous-entendues.

N° 54. — Le Pessimiste.

Je vous soutiens qu'ici bas tout est mal, au moral comme au physique. Nous souffrons en naissant, en vivant et en mourant, — au dedans, au dehors —... Partout des fléaux déchaînés contre nous—... Nous les augmentons nous mêmes —...

Et nos vices? —... La recherche des plaisirs faux —... On évite les joies douces —... On ne paie pas ses dettes et on se fait passer pour bienfaisant —... Prose et vers sont aussi mauvais que nos raisonnements. Enfin, tout est misère, noirceur, sottise. —

AVIS. Que souffrons-nous au dedans de nous-mêmes? que souffrons-nous à l'extérieur? — Quels sont les fléaux de la vie? — Comment les augmentons-nous? — Quels sont nos vices, les plaisirs faux, les joies douces? telles sont les idées à trouver. Pour bien faire votre travail, mettez-vous un peu de mauvaise humeur.

DÉCOMPOSITIONS.

☞ LE MODÈLE, tome 1er, page 226.

N° 55. — Le Cheval.

C'est Dieu qui parle à Job.

Est-ce toi qui as donné la force au cheval, qui as hérissé son cou d'une crinière mouvante?

Le feras-tu bondir comme la sauterelle? vois-le, ses naseaux soufflent la terreur.

Il creuse du pied la terre, il s'élance avec orgueil, il court au-devant des armes.

Il rit à l'épouvante ; il affronte le glaive.

Les flèches sifflent autour de lui ; la flamme des lances et des dards le frappe de ses éclairs.

Il bouillonne, il frémit, il dévore la terre.

A-t-il entendu la trompette? Il dit : Allons! il flaire au loin la guerre, la voix tonnante des chefs, et les hurlements de l'armée.

Livre de Job.

Avis. Voici un chef-d'œuvre. Recueillez-vous. 1º Indiquez les plus belles images, rendez compte de celle-ci, où se place aussi la métaphore : *Il flaire la guerre.* — 2º Dites où sont les plus admirables métaphores. — 3º Reconnaîtriez-vous dans ce morceau quelques-unes des *splendeurs* du style? où sont elles?

A quel genre appartient ce portrait? Qu'en pensez-vous?

N° 56. — Buffon.

C'est l'historien de la nature, il est grand, fécond, varié, majestueux comme elle ; comme elle, il s'élève sans effort et sans secousse ; comme elle, il descend dans les plus petits détails, sans être moins attachant ni moins beau. Son style se plie à tous les objets, et en prend la couleur : sublime, quand il déploie à nos regards l'immensité des êtres et les richesses de la création, quant il peint les révolutions du globe, les bienfaits ou les rigueurs de la nature ; orné, quand il décrit ; profond, quand il analyse ; intéressant, lorsqu'il nous raconte l'histoire de ces animaux, devenus nos amis et nos bienfaiteurs. Juste envers ceux qui l'ont précédé dans le même genre d'écrire, il loue Pline le naturaliste et Aristote, et il est plus éloquent que ces deux grands hommes. En un mot, son ouvrage est un des beaux monuments de ce siècle, élevé pour les âges suivants, et auquel l'antiquité n'a rien à opposer

LA HARPE.

AVIS. 1º Il y a une véritable adresse à identifier ainsi un auteur et son sujet, pour montrer que l'un est digne de l'autre, Faites la ressortir. 2º Pourquoi La Harpe partage-t-il en quatre espèces différentes le style de Buffon. 3º Indiquez une métalepse et expliquez-la. 4º Le mot *devenus* a un mérite particulier : dites-nous en quoi. 5º Pourquoi cette mémoire de Pline et d'Aristote ? 6º Comment trouvez-vous la phrase qui termine le portrait? 7º De quel genre est ce portrait?

Sept paragraphes courts.

Nº 57. — Le Fat.

C'est un homme dont la vanité seule forme le caractère, qui ne fait rien par goût, qui n'agit que par ostentation, et qui voulant s'élever au-dessus des autres, est descendu audessous de lui-même. Familier avec ses supérieurs, important avec ses égaux, impertinent avec ses inférieurs, il tutoie, il protége, il méprise. Vous le saluez, il ne vous voit pas; vous lui parlez, il ne vous écoute pas; vous parlez à un autre, il vous interrompt. Il lorgne, il persiffle au milieu de la société la plus respectable et de la conversation la plus sérieuse. Il dit à l'homme vertueux de venir le voir, et lui indique l'heure du brodeur et du bijoutier. Il n'a aucune connaissance et il donne des avis aux savants et aux artistes; il en eût donné à Vauban sur les fortifications, à Lebrun sur la peinture, à Racine sur la poésie. Il fait un long calcul de ses revenus et il ne peut vivre. Il consulte la mode pour ses travers comme pour ses habits, pour son médecin comme pour son tailleur. Vrai personnage de théâtre, à le voir, vous croiriez qu'il a un masque; à l'entendre, vous diriez qu'il joue un rôle; ses paroles sont vaines, ses actions sont des mensonges, son silence même est menteur. Il manque aux engagements qu'il a; il en feint, quand il n'en a pas. Il ne va point où l'on l'attend; il arrive tard où il n'est pas attendu. Il n'ose avouer un parent pauvre ou peu connu; il se glorifie de l'amitié d'un grand à qui il n'a jamais parlé, ou qui ne lui a jamais répondu. Il a du bel esprit la suffisance et les mots satyriques ; de l'homme de qualité les talons rouges, le coureur et les créanciers. Pour peu qu'il fût fripon , il serait en tout le contraste de l'honnête homme. En un mot, c'est un homme d'esprit pour les sots qui l'admirent , c'est un sot pour les gens sensés qui l'évitent. Mais si vous connaissiez bien cet homme, ce n'est ni un homme d'esprit, ni un sot : c'est un fat , c'est le modèle d'une infinité de jeunes sots mal élevés.

DESMAHIS.

Avis. La première phrase contient la proposition de tout le portrait. Démontrez-le. — Indiquez les principaux traits, ceux qui vous sembleront le plus vigoureux. — En indiquant à quel genre appartient ce morceau , énumérez tous les vices qui accompagnent la fatuité.

N° 58. — Le Chien.

A leur tête est le chien, aimable autant qu'utile,
Superbe et caressant, courageux mais docile ;
Formé pour le conduire et pour le protéger.
Du troupeau qu'il gouverne il est le vrai berger.
Le ciel l'a fait pour nous, et dans leur cour rustique,
Il fut des rois pasteurs le premier domestique ;
Redevenu sauvage, il erre dans les bois,
Qu'il aperçoive l'homme, il rentre sous ses lois ;
Et par un vieil instinct qui jamais ne s'efface,
Semble de ses amis reconnaître la trace ;
Gardant du bienfait seul le doux ressentiment,

Il vient lécher ma main après le châtiment;
Souvent il me regarde; humide de tendresse,
Son œil affectueux implore une caresse.
J'ordonne, il vient à moi; je menace, il me fuit;
Je l'appelle, il revient; je fais signe, il me suit;
Je m'éloigne, quels pleurs! je reviens, quelle joie!
Chasseur sans intérêt, il m'apporte sa proie.
Sévère dans la ferme, humain dans la cité
Il soigne le malheur, conduit la cécité;
Et moi de l'Hélicon malheureux Bélisaire
Peut-être un jour ses yeux guideront ma misère.
Est-il hôte plus sûr, ami plus généreux,
Un riche marchandait le chien d'un malheureux;
Cette offre l'affligea. « Dans mon destin funeste
« Qui m'aimera, dit-il, si mon chien ne me reste? »
Point de trêve à ses soins, de borne à son amour;
Il me garde la nuit, m'accompagne le jour.
Dans la foule étonnée, on l'a vu reconnaître,
Saisir et dénoncer l'assassin de son maître;
Et quand son amitié n'a pu le secourir,
Quelquefois sur sa tombe, il s'obstine à mourir.

DELILLE.

Avis. Indiquez d'abord quelques figures. — Où est le tableau qui peint l'obéissance du chien. — Ne pourriez-vous corriger ces mots : *doux ressentiment du bienfait;* car *ressentiment* ne se dit plus que des torts et des injures? — Passez ensuite aux traités qui vous semblent les meilleurs? — Pour expliquer le passage où le poète fait un retour sur lui-même, souvenez-vous que, sur la fin de sa vie, il devint aveugle et pauvre. — Dites un mot de l'anecdote du malheureux, à qui on marchande son chien. — Que penser du dernier trait? — Quel est ce portrait? Résumez les qualités du chien.

3*

PARALLÈLES.

 PRÉCEPTES DU GENRE, tome 1er, page 229.

COMPOSITIONS.

N° 59. — Le Riche et le Pauvre.

Qu'est-ce qu'un riche dans l'esprit du monde? C'est un homme qui peut se procurer tous les plaisirs —...

Dans l'ordre de la Providence, c'est un ange de paix et de consolation placé entre Dieu et les hommes, pour achever la distribution des biens de la terre.....

De même qu'est-ce qu'un pauvre selon le monde? Hélas!..... c'est un être malheureux —...

Dans l'ordre de la Providence, au contraire, le pauvre est un être intéressant. — Il est nécessaire au riche, il est son sauveur..... son juge..... un pontife... c'est le bien-aimé de la Providence qui lui a cédé ses droits... tandis que le riche est le protecteur du pauvre..... le ministre de la Providence qui lui a donné ses ordres... De même que la Providence se repose sur les rois de la conduite des empires... elle se repose sur les riches du soin des pauvres.

AVIS. Vous voyez que, dans ce parallèle, il y a quatre défi_nitions. Soignez celle du pauvre selon le monde. Vous pouvez en tirer un tableau pathétique ; cela vous sera facile en songeant à la triste condition des pauvres. Ce n'est qu'après la quatrième définition que le parallèle s'établit au moyen des contrastes et de l'antithèse. Réunissez les traits que j'ai séparés pour les opposer l'un à l'autre. Dans la dernière phrase il n'y a qu'une comparaison, ajoutez-en deux autres.

N° 60. — Corneille et Racine.

Corneille fut admiré de son siècle. — Il fut le premier génie qui brilla après une longue suite de siècles barbares. Il créa la tragédie parmi nous. — ses ouvrages sont moins estimés aujourd'hui, ils contiennent un mélange extraordinaire de beautés et de défauts. — Il ressemble à un Titan audacieux qui est tombé sous les rochers entassés pour escalader les cieux. —

Racine fait l'admiration de notre époque. — Il fut le plus beau génie d'un siècle fécond en grands hommes. — Il éleva la tragédie à la plus haute perfection. — Ses ouvrages grandiront avec le temps, car ils sont achevés. — Il ressemble à Prométhée...

Avis. Ce parallèle est facile. Réunissez ce que j'ai disjoint. Tâchez d'éviter la répétition des deux noms propres, excepté dans le dernier trait. Vous pouvez y parvenir en disant, *le premier, le second = l'un, l'autre = celui-là, celui-ci*, etc.

N° 61. — La Gloire et la Réputation.

La gloire est le jugement de l'humanité sur un de ses membres. La gloire est toujours méritée —... La réputation est le jugement de quelques hommes. Elle est éphémère —..... Pour plaire à l'humanité, il faut lui être utile, et ce but n'est atteint que par de grands résultats. — Pour plaire à un petit nombre, de petites choses suffisent —... L'intention ne suffit pas à la gloire —..... Il lui faut des faits —..... La réputation se contente des applaudissements d'un parti —..... La gloire ne peut être affaiblie —... La réputation tombe et se dissipe —...

Il faut aimer la gloire... il faut dédaigner la réputation... Il faut faire... et non paraître : car les faits restent, et les apparences disparaissent. —

Avis. Vous vous étendrez davantage sur la gloire que sur la réputation. Il n'est pas nécessaire de suivre l'ordre du canevas. Disposez votre sujet, comme vous le voudrez.

N° 62. — Les Chrétiens et les Païens.

Quel plus beau spectacle pour la divinité, que de voir un chrétien aux prises avec la douleur, braver les menaces..... et triompher en expirant du juge qui l'a condamné! car c'est être vainqueur que d'obtenir ce qu'on désire. Vous nous opposez Mucius Scévola —... mais combien de chrétiens..... Vous parlez de Régulus —... mais, sans parler des hommes, nos femmes, nos enfants... Vous nous dîtes : « Les « païens sont honorés. — Les Romains sont « rois. — Ils sont riches. — Ils ont de la « pompe et les faisceaux consulaires. — Ils « comptent d'illustres ancêtres. — » Mais à « quoi servent les honneurs? —... Mais quand l'heure de la mort arrive? —... Mais l'inconstance de la fortune? — Mais le vain éclat des grandeurs? — Mais les hommes sont égaux. — Les chrétiens pensent avec raison autrement que vous — et leur conduite est conforme à leurs principes. —

Avis. Parallèle oratoire. Après les premiers points, accumulation des choses par lesquelles les persécuteurs voulaient effrayer les martyrs ; ici ne faites pas de détails ; idées générales. Mucius Scévola voulut tuer un roi, mais il se trompa, et condamné à mort il mit sa main sur un brasier ardent. —

Régulus retourna volontairement à Carthage pour y mourir dans un affreux supplice. — Vous aurez soin, immédiatement après chaque objection du païen, de placer la réplique du chrétien que vous ferez parler.

DÉCOMPOSITION.

☞ LE MODÈLE, tome 1er, page 230.

N° 63. — Turenne et Condé.

Ç'a été, dans notre siècle, un grand spectacle de voir, dans les mêmes temps et dans les mêmes campagnes, ces deux hommes que la voix commune de toute l'Europe égalait aux plus grands capitaines des siècles passés ; tantôt à la tête de corps séparés, tantôt unis, plus encore par le concours des mêmes pensées que par les ordres que l'inférieur recevait de l'autre ; tantôt opposés front à front, et redoublant l'un dans l'autre l'activité et la vigilance, comme si Dieu, dont souvent, selon l'Ecriture, la sagesse se joue dans l'univers, eût voulu nous les montrer en toutes les formes, et nous montrer ensemble ce qu'il peut faire des hommes. Que de campements, que de belles marches ; que de hardiesse, que de précautions ; que de périls, que de ressources ! Vit-on jamais en deux hommes les mêmes vertus, avec des caractères si divers, pour ne pas dire si contraires?

L'un paraît agir par des réflexions profondes, et l'autre par de soudaines illuminations; celui-ci par conséquent plus vif, mais sans que son feu eût rien de précipité; celui-là d'un air froid sans jamais avoir rien de lent, plus hardi à faire qu'à parler, résolu et déterminé au dedans, lors même qu'il paraissait embarrassé au dehors. L'un, dès qu'il paraît dans les armées, donne une haute idée de sa valeur, et fait attendre quelque chose d'extraordinaire, mais toutefois s'avance par ordre, et vient, comme par dégrés, aux prodiges qui ont fini le cours de sa vie; l'autre, comme un homme inspiré, dès sa première bataille, s'égale aux maîtres les plus consommés. L'un, par de vifs et continuels efforts, emporte l'admiration du genre humain et fait taire l'envie; l'autre jette d'abord une si vive lumière, qu'elle n'osait l'attaquer. L'un enfin, par la profondeur de son génie et les incroyables ressources de son courage, s'élève au-dessus des plus grands périls, et sait même profiter des infidélités de la fortune; l'autre, et par l'avantage d'une si haute naissance, et par ces grandes pensées que le ciel envoie, et par une espèce d'instinct admirable dont les hommes ne connaissent pas le secret, semble né pour entraîner la fortune dans ses desseins et forcer les destinées.

Et, afin que l'on vit toujours dans ces deux hommes, de grands caractères, mais divers : l'un, emporté d'un coup soudain meurt pour son pays, comme un Judas Machabée ; l'armée le pleure comme un père, et la cour et tout le peuple en gémissent ; sa piété est louée comme son courage, et sa mémoire ne se flétrit point par le temps ; l'autre, élevé par les armes au comble de la gloire comme un nouveau David, comme lui meurt dans son lit, en publiant les louanges de Dieu et en instruisant sa famille, et laisse tous les cœurs remplis, tant de l'éclat de sa vie que de la douceur de sa mort. Quel spectacle de voir et d'étudier ces deux hommes et d'apprendre de chacun d'eux toute l'estime que méritait l'autre !

Bossuet.

Avis. Quelle est la chose qui vous frappe le plus en commençant la lecture de ce parallèle ? Où et au moyen de quelles figures l'orateur esquisse-t-il, à grands traits, les caractères de ses héros ? Faites remarquer le jeu de l'antithèse, sous des formes tantôt brèves, tantôt développées et même périodiques. La pensée dominante de l'orateur, qui a été de prouver que Turenne et Condé, avec deux caractères opposés ont eu les mêmes vertus, n'est-elle pas suivie jusqu'à sa plus grande élévation?

Ce parallèle est-il physique ou moral? Est-il digne d'éloges?

DIALOGUES.

☞ PRÉCEPTES DU GENRE, tome 1er, page 231.

COMPOSITIONS.

N° 64. — Le connétable de Bourbon et Bayard.

NOTE. Charles, duc de Normandie, dit le connétable de Bourbon, était membre de la famille royale de France. Exaspéré par le despotisme de la reine mère, il s'exila de la France et eut le malheur de porter les armes contre sa patrie. Il commandait les armées de Charles Quint, pendant les guerres d'Italie. Poursuivant ses compatriotes après la bataille de Rebec, il rencontra Bayard, blessé à mort, qui, étendu au pied d'un arbre, recommandait son âme à Dieu. On suppose qu'un dialogue s'établit entre eux.

Le connétable parle le premier, il tutoie

Bayard. Il lui dit que c'est avec douleur qu'il le voit en cet état; mais qu'il le traitera moins en prisonnier qu'en ami qui s'occupera de sa guérison; la réponse de Bayard témoignant une mauvaise humeur, le connétable cherche à le consoler par le souvenir de ses belles actions, et il s'étonne de se voir insulté; il veut prouver que le plaisir de la vengeance est doux à l'âme et combien la patrie a été ingrate envers lui. Confondu par les réponses du *chevalier sans peur et sans reproche*, il convient de ses torts, qu'il rejette sur ses passions.

Bayard répond avec le respect dû à un prince issu du sang de ses rois. Il dit au connétable qu'il le voit lui-même avec douleur, qu'il serait bien fâché de lui devoir la vie, que la mort va le délivrer des soins du plus grand ennemi de la France; que lui, Bayard, n'est point à plaindre, tandis que le connétable, triomphant de son pays acquiert une horrible gloire, enfin, il fait rougir le prince, en lui montrant sa faute, et la grandeur dont il eût pu se revêtir en restant disgracié mais fidèle; il l'engage en finissant, et en mourant, à réparer ses torts.

Avis. Le but de ce dialogue est d'exposer la vérité et la noblesse de cette maxime: *Il n'est jamais permis de prendre les armes contre sa patrie*, Ne reproduisez point la note qui est en tête du canevas, mais tirez en tout ce qui pourra être utile à votre rédaction. Cette observation est commune à toutes les notes des dialogues. Voici le commencement de votre composition :

Le Connétable.

N'est-ce point le pauvre Bayard que je vois au pied de cet arbre, étendu sur l'herbe et percé d'un grand coup? Oui, c'est lui-même. Avançons pour lui parler. Ah! mon pauvre Bayard, c'est avec douleur que je te vois en cet état.

Bayard.

Il répond suivant les idées du canevas. Tâchez de bien lier le dialogue.

N° 65. — Hamlet et le Spectre de son père.

Note. Claudius, oncle d'Hamlet, règne sur le Dannemark, il doit cette couronne à un fratricide; car, pour en jouir, il a assassiné son frère, en lui versant du suc de cigüe dans l'oreille, ce forfait est resté profondément caché. Le fils du roi assassiné l'ignore comme tout le monde, mais pendant la solitude de la nuit, l'ombre de son père lui apparaît, pour lui découvrir le crime de son oncle et en demander vengeance.

—

HAMLET.

Exclamations à la vue du spectre, vient-il du ciel ou de l'enfer? Il l'interroge.

LE SPECTRE.

Il dit à Hamlet de l'observer et de l'écouter. Il lui apprend qu'il est l'ombre de son père, condamné à errer pendant la nuit jusqu'à ce que le feu ait purifié son âme. Il voudrait pouvoir lui faire un long récit, mais il ne peut lui dire que quelques mots. Il se hâte de raconter que le Dannemark croit que le roi, père d'Hamlet, est mort de la piqûre d'un serpent, mais que ce serpent porte la couronne. — Il continue en lui exposant les circonstances du crime, commis par son oncle pendant le sommeil du roi. — Il finit par l'exciter à la vengeance; et voyant l'aurore approcher, il lui dit trois fois : Adieu !

Hamlet, resté seul, prend à témoin le ciel et la terre. Il promet la vengeance, et jure que le souvenir de cette ombre chère ne s'effacera jamais de sa mémoire.

Avis. Les exclamations d'Hamlet, à la vue du spectre, témoigneront moins la terreur que l'étonnement. Il lui semblera reconnaître son père revêtu de son armure. Aux premières paroles du spectre, le dialogue sera pressé, c'est-à-dire, les demandes et les réponses seront courtes et vives. Le spectre ne racontera pas le crime de suite, il parlera de parricide; Hamlet n'interrompra que par exclamations. Enfin, viendra le récit du crime de Claudius, pendant que le roi dormait dans son jardin.

N° 66. — Louis XI et Philippe de Commines.

Note. Philippe de Commines a écrit l'histoire de Louis XI ; pendant la vie de ce prince, de Commines, attaché à sa personne, fut initié à beaucoup de petits secrets qu'il révéla dans son ouvrage. Il dévoila les grimaces du roi quand il parlait seul, ses faiblesses pour son tailleur et son barbier, à qui il ne refusait rien, et surtout ses pratiques superstitieuses et hypocrites, comme par exemple de se faire frotter d'huile sainte de la tête aux pieds, de faire croire qu'il avait été guéri dans tous ses pélérinages, de baiser une madone de plomb quand il voulait commettre une mauvaise action, enfin, de n'oser jurer par la croix de saint Lô de peur de mourir dans l'année.

—

Les ombres du monarque et de l'historien se rencontrent en l'autre vie. Louis XI reproche à de Commines de ne pas avoir parlé en bon domestique et d'avoir été indiscret, lui disant qu'il y a certaines choses qu'on doit taire, qu'on doit laisser les morts en paix, et que l'histoire doit respecter les rois.

De Commines répond que, loin de vouloir flétrir la mémoire du roi, il s'est efforcé au

contraire de faire de lui un portrait avanta-
geux, qu'il a relevé ses bonnes qualités et
adouci l'odieux de ses mauvaises actions; qu'il
a prouvé par là sa reconnaissance envers son
maître, mais que la reconnaissance ne faisant
pas le mérite d'une histoire, il a dû dévoiler ce
qui, après tout, aurait été connu plus tard,
qu'il n'a dit que la vérité, et que les rois doivent respecter l'histoire à laquelle ils appartiennent.

AVIS. But du dialogue : *Les faiblesses et les crimes des rois ne
sauraient être cachés.* Louis XI parlera le premier, et la dernière
réponse du dialogue sera faite par de Commines. Ils parleront
chacun neuf fois.

N° 67. — Paracelse et Molière.

NOTE. Paracelse, philosophe suisse, écrivit
sur les habitants élémentaires, c'est-à-dire sur
les esprits et les génies, qu'il suppose en con-
tact avec l'homme. Ses ouvrages sont à peu
près inintelligibles et presque oubliés. Molière,
dans ses comédies, a dépeint les sottises des
hommes. Ces deux auteurs sont en présence,
et l'un critique les ouvrages de l'autre.

Comme ce dialogue serait difficile pour un
élève, je vais en donner toute la charpente.

Molière. Je suis charmé de votre nom grec, Paracelse. — *Paracelse*. Ce nom est immortel pour ceux qui veulent étudier les génies. — *Molière, d'un ton ironique*. Sans doute, il vaut mieux étudier les génies que les hommes. — *Par*. J'ai enseigné tous les rapports que les génies ont avec l'univers. — *Mol. sur le même ton*. Vous connaissiez l'homme? — *Par*. Certainement. — *Mol*. Son âme, ses facultés? — *Par*. Pas tout à fait, à peu près. — *Mol*. Et, sans connaître parfaitement l'homme vous avez étudié les génies? — *Par*. C'est bien plus curieux. — *Mol*. Mais avant il faudrait connaître l'homme. — *Par*. L'esprit préfère les sciences mystérieuses. — *Mol*. C'est déplorable; vous vous égarez dans la recherche de la vérité, et courez après des mystères ridicules. — *Par*. Ridicules!... — *Mol*. Il vaut mieux n'y rien comprendre —...

Paracelse. Mais quel a donc été votre métier. — *Mol*. J'ai étudié les sottises des hommes. — *Par*. Voilà du beau. — *Mol*. Cette science est immense. — *Par*. Qu'en faisiez-vous? — *Mol*. Je réunissais les gens et leur prouvais qu'ils étaient des sots. — *Par*. C'était difficile. — *Mol*. C'était très facile, je faisais ce qu'ils font. — *Par*. Je vous entends, vous étiez comédien. Mais cet art me semble futile. Il est plus utile de traiter des sujets relevés. — *Mol.* Vous revenez à vos génies, je m'en tiens à mes sots. Mes comédies vivront plus que vos ouvrages. —

Avis. Ce dialogue a deux parties. La première contient la critique des ouvrages de Parecelse; Molière y a un ton ironique qui écrase son rival. La seconde, renferme une courte appréciation des chefs d'œuvre de Molière. Le ton en est gai et spirituel, et Parcelse ne sait guère ce qu'il doit répondre. Molière peut donc, avec raison, finir par cette maxime : *Qui veut peindre pour l'immortalité, doit peindre des sots.*

N° 68. — Les fourberies de Scapin.

Note. Scapin, valet d'un jeune homme prodigue, veut tirer de Géronte, père de son maître, une somme de cinq cents écus. Pour arriver à ses fins, il forge l'histoire suivante :

Il raconte à Géronte qu'étant allé se promener sur le bord de la mer avec son maître, ils rencontrèrent un turc de bonne mine, qui les invita à entrer dans une galère. Là, le turc les régala d'un bon déjeuner et pendant le répas la galère s'avança doucement en mer, une fois loin du port, le turc changea de manières, déclara prisonnier le fils de Géronte, et envoya Scapin chercher cinq cents écus pour la rançon de son maître, ne lui donnant que deux heures pour apporter la somme , sans quoi il emmenerait son prisonnier à Alger. Voilà Géronte fort affligé ; il se récrie sur la somme , et dit : *Que diable allait-il faire dans cette galère ?*

Géronte dit à Scapin :

Va dire à ce turc que je vais envoyer la justice à sa poursuite. —

Mets-toi à la place de mon fils. —

Le turc ne sait pas ce que c'est que cinq cents écus. —

Va chercher toutes les hardes qui sont au grenier pour les vendre. —

Le turc a voulu dire 400 écus. —

Scapin répond que la justice ne peut rien à un turc en pleine mer. — Qu'on ne l'accepterait pas, lui valet, à la place d'un fils de famille. — Que le turc sait fort bien ce que c'est que cinq cents écus. — Qu'il n'aurait pas cent fr. des hardes du grenier, et puis qu'il n'a que deux heures devant lui. — Qu'enfin, le turc a très bien dit cinq cents écus. —

Chaque fois que Géronte entend une réplique juste à ses propositions, il s'écrie : *Que diable allait-il faire dans cette galère ?*

Enfin, il s'exécute, et après avoir tendu une bourse à Scapin, il lui recommande de dire au turc que c'est un scélérat, un infâme, un homme sans foi, etc., etc., puis il remet la bourse dans sa poche et s'en va. Scapin court après lui et lui redemande la bourse.

Avis. Voici une action en dialogue, c'est ainsi que sont presque tous les dialogues dramatiques. Il y a exposition, nœud et dénouement. Style vif et pressant, faisant ressortir l'impatience du côté de Scapin, la colère et l'avarice du côté de Géronte.

N° 69. — Don Juan et M. Dimanche, ou l'art de ne pas payer ses dettes.

Note. Don Juan est le débiteur de M. Dimanche. Celui-ci s'est présenté pour réclamer son argent. On l'a d'abord laissé faire antichambre assez longtemps; enfin, il est introduit.

—

Don Juan s'extasie à sa vue; il s'excuse près de lui de l'avoir fait attendre; l'ordre qu'il avait donné à ses gens de ne recevoir personne n'était pas pour lui. Il lui dit que c'est le meilleur de ses amis, lui fait donner un fauteuil au lieu d'un pliant, le fait asseoir, lui demande de ses nouvelles, de celles de sa femme, de sa petite fille, de son petit Colin, de son chien Brusquet, l'assure de nouveau de son amitié, de sa disposition à l'obliger en tout, l'invite à souper, et sur son prétexte qu'il est pressé de s'en retourner, commande que l'on apporte des flambeaux pour le reconduire, avoue sur la fin qu'il est son débiteur et qu'il ne l'a point oublié, qu'il le dit à tout le monde, puis, après avoir demandé la permission de l'embrasser, il le met poliment à la porte.

M. Dimanche, placé vis-à-vis d'un grand Seigneur, se confond en remercîments à chaque nouveau compliment et ouvre la bouche pour réclamer son argent. Je venais... Je suis venu... J'étais..... Je voudrais bien..... Je..... Vous... etc. Mais il n'a pas le temps d'achever ; car à chaque nouvelle formule de demande, la volubilité du langage de Don Juan l'empêche de l'exprimer.

Avis. Dialogue dramatique. Empressement de la part de Don Juan. Embarras et hésitation croissante de la part de M. Dimanche.

DÉCOMPOSITIONS.

☞ LE MODÈLE, tome 1er, page 235.

N° 70. — Dieu et Abraham.

Note. Le Seigneur apprend à Abraham qu'il se dispose à détruire Sodome.

ABRAHAM.

Serait-il possible, Seigneur, que vous fissiez périr l'innocent pour le coupable? S'il y avait cinquante justes dans cette ville; les extermineriez-vous avec les autres? Ne pardonneriez-vous pas plutôt à toute la ville, à cause des cinquante justes qui s'y trouveraient? Vous n'êtes point capable de perdre le juste avec l'impie, et de traiter l'innocent comme le coupable. Une telle conduite est indigne du Seigneur. Celui qui est le juge de la terre pourrait-il ne pas rendre justice.

LE SEIGNEUR.

Si je trouve cinquante justes dans Sodome, je pardonnerai à toute la ville à cause d'eux.

ABRAHAM.

Puisque j'ai commencé, je parlerai encore à mon Seigneur, quoique je ne sois que cendre et poussière. S'il s'en fallait de cinq qu'il y en eut cinquante, feriez-vous périr toute la ville, parce qu'il y en aurait cinq de moins?

LE SEIGNEUR.

Non, je ne la détruirai pas, s'il s'y trouve quarante-cinq justes.

ABRAHAM.

S'il n'y en avait que quarante?

LE SEIGNEUR.

En faveur de ces quarante, je ne détruirai point la ville.

ABRAHAM.

Seigneur, pardonnez, si j'ose encore parler. Peut-être qu'il n'y en aura que trente.

LE SEIGNEUR.

Si j'en trouve trente, je ne la détruirai point.

ABRAHAM.

Puisque j'ai commencé, je parlerai encore à mon Seigneur. S'il ne s'en trouvait que vingt?

LE SEIGNEUR.

En faveur de ces vingt, je ne la détruirai point.

ABRAHAM.

Seigneur, je ne parlerai plus que cette fois : peut-être ne s'en trouvera-t-il que dix?

LE SEIGNEUR.

S'il ne s'en trouve que dix, je pardonnerai encore.

GENÈSE, ch. XVIII.

Avis. Tous les écrivains s'accordent pour trouver ce dialogue divin. N'est-ce point sa simplicité qui en fait la beauté? Sur quelle figure est fondée cette simplicité? Trouvez-vous qu'Abraham est trop libre dans ses objections à Dieu? N'admirez-vous point la bonté du Seigneur dans ses réponses? Faites en peu de mots sentir ces remarques. A quel genre peut-on rapporter ce dialogue?

N° 71. — Harpagon et Laflèche.

NOTE. Harpagon est le type de l'avare.

—

HARPAGON.

Hors d'ici tout-à-l'heure. Allons, que l'on détale de chez moi.

LAFLÈCHE.

Pourquoi me chassez-vous.

HARPAGON.

C'est bien à toi, pendard, à me demander des raisons. Sors vite, que je ne t'assomme.

LAFLÈCHE.

Qu'est-ce que je vous ai fait?

HARPAGON.

Tu m'as fait, que je veux que tu sortes.

LAFLÈCHE.

Mon maître, votre fils, ma donné ordre de l'attendre.

HARPAGON.

Va-t-en l'attendre dans la rue et ne sois point dans ma maison planté comme un piquet, à observer ce qui se passe et faire ton profit de tout. Je ne veux point voir sans cesse devant moi un espion de mes affaires, un traître dont les yeux maudits assiégent toutes mes actions, dévorent tout ce que je possède, et furètent de tous côtés pour voir s'il n'y a rien à voler.

LAFLÈCHE.

Comment diantre voulez-vous que l'on fasse pour vous voler? Etes-vous un homme volable, quand vous renfermez toutes choses, et faites sentinelle nuit et jour?

HARPAGON.

Je veux renfermer ce que bon me semble, et faire sentinelle comme il me plaît. Ne voilà

pas de mes mouchards qui prennent garde à
ce qu'on fait. *(Bas à part)* Je tremble qu'il
n'ait soupçonné quelque chose de mon argent.
(Haut) Ne serais-tu point homme à faire courir
le bruit que j'ai de l'argent caché?

LAFLÈCHE.

Vous avez de l'argent caché?

HARPAGON.

Non, coquin, Je ne dis pas cela. *(Bas)* J'en-
rage. *(Haut)* Je demande si, malicieusement,
tu n'irais point faire courir le bruit que j'ai de
l'argent caché.

LAFLÈCHE.

Hé! que nous importe que vous en ayez ou
que vous n'en ayez pas, puisque c'est pour
nous la même chose.

HARPAGON.

Tu fais le raisonneur! *(Il fait le geste de
donner un soufflet)* Je te baillerai de ce raison-
nement-ci par les oreilles. Sors d'ici, encore
une fois.

LAFLÈCHE.

Eh bien! je sors.

HARPAGON.

Attends. Ne m'emportes-tu rien?

LAFLÈCHE.

Que vous emporterais-je?

HARPAGON.

Viens çà, que je voie; montre-moi tes mains.

LAFLÈCHE.

Les voilà.

HARPAGON.

Les autres?

LAFLÈCHE.

Les autres!

HARPAGON.

Oui.

LAFLÈCHE.

Les voilà. (*A part*) Ah! qu'un homme comme cela mériterait bien ce qu'il craint, et que j'aurais de joie de le voler!

HARPAGON.

Hé?

LAFLÈCHE.

Quoi!

HARPAGON.

Qu'est-ce que tu parles de voler?

LAFLÈCHE.

Je dis que vous regardiez bien si je vous ai volé.

HARPAGON.

C'est ce que je veux faire. (*Il fouille dans les poches de Laflèche.*)

LAFLÈCHE.

(*A demi voix.*) La peste soit de l'avarice et des avaricieux!

HARPAGON.

Comment! Que dis-tu?

LAFLÈCHE.

Ce que je dis?

HARPAGON.

Oui, qu'est-ce que tu dis de l'avarice et des avaricieux.

LAFLÈCHE.

Je dis que la peste soit de l'avarice et des avaricieux.

HARPAGON.

De qui veux-tu parler?

LAFLÈCHE.

Des avaricieux.

HARPAGON.

Et qui sont-ils, ces avaricieux?

LAFLÈCHE.

Des vilains et des ladres.

HARPAGON.

Mais qui est-ce que tu entends par là?

LAFLÈCHE.

De quoi vous mettez-vous en peine?

HARPAGON.

Je me mets en peine de ce qu'il faut.

LAFLÈCHE.

Est-ce que vous croyez que je veux parler de vous?

HARPAGON.

Je crois ce que je crois ; mais je veux que tu me dises de qui tu parles quand tu dis cela.

LAFLÈCHE.

Je parle... Je parle à mon bonnet.

HARPAGON.

Et moi, je pourrais bien parler à ta barette.

LAFLÈCHE.

M'empêcherez-vous de maudire les avaricieux ?

HARPAGON.

Non ; mais je t'empêcherai de jaser et d'être insolent ; tais-toi.

LAFLÈCHE.

Je ne nomme personne.

HARPAGON.

Je te rosserai, si tu parles.

LAFLÈCHE.

Qui se sent morveux, qu'il se mouche.

HARPAGON.

Te tairas-tu ?

LAFLÈCHE.

Oui, malgré moi.

HARPAGON.

Ah! ah! ah!

LAFLÈCHE.

(*Montrant encore une poche.*) Tenez, voilà encore une poche. Etes-vous satisfait?

HARPAGON.

Allons, rends le moi, sans te fouiller.

LAFLÈCHE.

Quoi!

HARPAGON.

Ce que tu m'as pris.

LAFLÈCHE.

Je ne vous ai rien pris du tout.

HARPAGON.

Assurément.

LAFLÈCHE.

Assurément.

HARPAGON.

Adieu! va-t-en à tous les diables

LAFLÈCHE.

Me voilà fort bien congédié.

HARPAGON.

Je te le mets sur ta conscience, au moins.

MOLIÈRE.

AVIS. Vous pourriez profiter de ce dialogue pour faire remarquer combien les figures sont abondantes dans la conversation; mais vous vous contenterez d'indiquer deux des ellipses les plus hardies, une hypallage, une imprécation, deux comminations, deux litotes et deux syllepses grammaticales. Indiquez aussi deux traits caractéristiques de l'avare, et dans quel endroit Molière a pris la nature sur le fait. Le ton général du dialogue est-il convenable?

Au fond ce dialogue, quoique dramatique, a-t-il une exposition, un nœud et un dénoûment?

ALLÉGORIES.

☞ PRÉCEPTES DU GENRE, tome 1er, page 242.

COMPOSITIONS.

N° 72. — Le Tigre.

Je vais chanter, ô mes frères, le courage d'une mère —...

Déjà le printemps renaissait —... Semblable à la foudre, un tigre blessé par des chasseurs s'élance dans la plaine —... Tout fuit —... Il arrive au village —... Envain les chiens lui ferment le passage —... Il s'élance sur un enfant de six ans —... La mère accourt et se jette sur le tigre —... L'animal s'embarasse dans sa robe —..... On tue le tigre —..... Gloire à Lienou-Song, la courageuse mère —.....

AVIS. Style poétique. Charmes du printemps. Furie du tigre. Panique générale. Les chiens déchirés. Intrépidité de la mère, sa lutte avec le tigre. Joie de la mère et de l'enfant.

SENS DE L'ALLÉGORIE. Le tigre est le symbole du vice qui s'introduit dans les cités pour corrompre l'enfance. Les chiens sont les amis prudents qui avertissent, souvent en vain, le jeune homme de ses écarts. La mère est la Religion qui défend ses fils et les conserve à la vertu.

N° 73. — L'Ange.

Il est au ciel aux pieds de Jésus-Christ, à côté de la sainte Vierge, un ange..... (1) Il est toujours troublé et ne chante point —... (2) mais il regarde l'homme —... (3) Il recueille dans une coupe les larmes du repentir —... Il présente à Dieu les âmes coupables et pénitentes —...

NOTES. (1) Beauté de l'ange. (2) Cantiques du ciel. (3) Misère et chute de l'homme.

SENS DE L'ALLÉGORIE. Cet ange est *le Pardon*.

N° 74. — Le Voyageur et le Palais.

Un voyageur s'égare pendant la nuit; à la lueur d'un ciel étoilé, il découvre un palais; il y entre. Des serviteurs..... (1) Aux lambris sont suspendues des lampes étincelantes... (2) Une horloge magnifique... (3)

Quand il veut dormir, un rideau s'abaisse devant lui —... (4) Il ne voit pas le maître du palais —... (5) Enfin il part avec regret —... (6) En sortant, il est accosté par un vieillard qui le console, l'encourage, et lui dit qu'il arrivera bientôt à un second palais, où il trouvera le prince qui lui a donné l'hospitalité —... (7)

Avis. Cette allégorie est l'image de la vie de l'homme.

Notes. (1) La nature entière au service de l'homme. (2) Beautés des cieux. (3) Marche du soleil. (4) La nuit. (5) Invisibilité de Dieu, mais sa présence se fait partout sentir. (6) Mort. (7) Consolations de la Religion à nos derniers moments.

Cette composition est bien faite pour exercer votre imagination. C'est la matière de plusieurs volumes. N'employez que deux pages.

N° 75. — Le Chasseur.

Un chasseur est rencontré dans les montagnes par une licorne. — Il fuit à toutes jambes et rencontrant un abîme, il n'a d'autres ressources que de grimper sur un arbre. — Mais quel est son effroi, quand il voit au pied de l'arbre quatre aspics et deux rats dont l'un blanc et l'autre noir, qui rongeaient les racines. — L'arbre surplombait l'abîme, au fond duquel le chasseur aperçut un dragon terrible. — Mais un ange se tenait entre l'arbre et l'abîme, comme pour recevoir le chasseur dans ses bras. — Celui-ci, pour se donner du courage, mange, malgré les avis de l'ange, un rayon de miel qui pendait à l'une des branches de l'arbre, mais aussitôt il tombe dans l'abîme —...

Avis. Changez tout ce style.

Sens de l'allégorie. Le chasseur c'est le pécheur, qui ne cherche que ses plaisirs, qui voit ses jours menacés par une mort violente, et son existence minée par le cours des jours, des nuits et des saisons. Le dragon de l'abîme est la damnation éternelle; l'ange est la religion qui tend les bras à l'homme coupable, le rayon de miel est le symbole des plaisirs du monde.

N° 76. — Apparition de Boèce.

Note. Boèce est enfermé dans un cachot. Une femme majestueuse lui apparaît.

—

Tout-à-coup apparaît une femme majestueuse, son aspect était vénérable. — Ses regards vifs. — Quoique vieille elle paraissait
jeune. — Elle semblait être tantôt d'une taille
ordinaire, tantôt d'une taille colossale. — Ses
vêtements composés d'un tissu incorruptible,
étaient déchirés en quelques endroits. — D'une
main elle portait des livres, de l'autre un
sceptre. —

AVIS. Cette femme est la philosophie, science respectable et
profonde, toujours jeune quoique ancienne, à la portée souvent du commun des hommes, et d'autres fois d'une sublimité
à laquelle l'intelligence ne peut atteindre, dont les principes
sont inaltérables, quoique méconnus par de faux disciples;
reine des sciences. — Vous voyez tous les rapports de simili-
tude; développez-les en changeant les termes du canevas.

Nº 77. — Les deux Voyageurs.

Deux hommes voyageaient..... (1) Lorsqu'à
deux ou trois lieues ils rencontrent un bocage —... (2) L'un..... (3) poursuit sa route;
l'autre..... s'arrête. — Ce dernier se repo-
sait... (4) quand un animal féroce le surprend
et le dévore. — Le premier arrive à la ville—...

NOTES. (1) But du voyage. (2) Petite description du bocage.
(3) Motifs qui déterminent l'un à s'arrêter, l'autre à poursuivre
sa route. (4) Douceurs du repos.

SENS DE L'ALLÉGORIE. Ces deux voyageurs sont deux hommes

pieux. Le bocage est l'image des vains plaisirs. Celui qui poursuit sa route, est l'homme qui triomphe des tentations, tandis que son compagnon, y succombant, est victime de son imprudence.

N° 78. — La Discorde.

Faites un portrait allégorique de la discorde. Représentez-la sous la figure d'une femme hideuse, dont l'habillement, les traits, la chevelure offrent des disparates choquantes. Dites à quoi elle est occupée, et de quels hommes elle est entourée.

N° 79. — La Grotte du Sommeil.

On voit dans l'Arabie une petite vallée solitaire, couverte d'arbres touffus. — Le soleil ne peut y pénétrer. — Une route ombragée d'épais rameaux conduit à un grand souterrain.

Une spacieuse caverne s'étend dans le roc sous cette forêt ténébreuse. Elle est tapissée de lierre. — C'est là qu'est le sommeil. — Dans un coin est l'Oisiveté, dans l'autre la Paresse. — L'Oubli se tient à la porte. — Le Silence fait le tour de ce séjour, et éloigne par signe les passants. —

Avis. Toutes les idées sont complètes ; il s'agit de les exprimer autrement, en style gracieux, doux et poétique.

N° 80. — La Frivolité.

La Fantaisie, mère du Caprice, vole à ses côtés —... (1) Les Rêves la caressent. — Les Ris sont tous occupés autour d'elle —..... (2) La Frivolité se promène en riant dans son palais — (3).

Notes. (1) Courte description du vol de la Fantaisie, inégal, brillant, rapide, etc. (2) Occupations des Ris, l'un pétrit des parfums, l'autre fait des bulles de savon, etc. (3) La Reine de ce palais va, vient, se regarde dans les glaces, etc.

Avis. Style pittoresque et poétique.

N° 81. — Le Tribunal de l'Histoire.

Au fond d'un sanctuaire, une déesse austère est assise. — Elle appelle les Siècles, les uns à l'air barbare, les autres plus doux —... (1) Le Temps déroule devant la déesse le tableau des événements —..... (2) Elle rend ses arrêts —... et la Vérité les recueille — (3). La Postérité les répète —... Deux génies sont aux pieds du trône —...(4) L'un, farouche, éclaire d'un flambeau le front des coupables —... (5)

L'autre, aimable et brillant, pose des couronnes sur la tête des grands hommes — (6).

Notes. (1) Signalez les différences des siècles, les uns guerriers, les autres souillés de crimes, etc. (2) Faites apparaître les peuples guidés par le Temps, les uns louant leur maître, les autres maudissant leurs tyrans, etc. — (3) Mettez une balance aux mains de l'Histoire, et un burin aux mains de la Vérité.— (4) Acclamations de la Postérité après chacun des arrêts. — Peignez bien les différences des deux Génies, l'un est le Génie vengeur des crimes, l'autre est le Génie rémunérateur du bien. (5) Honte des grands criminels. (6) Hommages aux hommes vertueux.

Avis. Style grave et sévère, mêlé d'expressions poétiques convenables aux formes allégoriques.

N° 82. — La Cuve.

Il est en France une cuve immense, environnée de murs et de fossés... (1) Le Soleil y luit rarement. — On y est irréligieux —..... Tant de choses y ont été détruites... (2) que ses habitants ne s'attachent plus qu'à l'or —... Le Temps retrouve en cet abîme, après deux mille ans, toute la fange de l'ancienne république romaine... (3) Les enfants qui s'agitent dans cette cuve sont paresseux, flaneurs, impies, libertins, braves pourtant —..... mais l'instinct du mal est toujours le plus fort dans leur cœur... Trois jours leur suffisent pour détruire un trône... (4)

Sens de l'allégorie. Cette cuve, c'est Paris.

Notes. (1) Mettez dans cette cuve une fange en ébullition, comme dans un volcan, qui déborde de temps en temps sur le monde. (2) Ici mettez une accumulation, comme tant d'autels renversés, tant de vertus étouffées, tant de révolutions sanglantes, etc., etc. (3) Nouvelle accumulation retraçant les bouleversements de la république romaine ; même fracas, même délire, mêmes ambitions, même passion des jeux et des spectacles, etc., etc. (4) Description des vices et des vertus du gamin de Paris, criard, querelleur, charbonnant des dessins impurs sur les murailles, etc., etc., mais généreux, passionné pour la liberté, courant au-devant des balles et du canon, etc., mélange incompréhensible d'héroïsme et d'abaissement.

DÉCOMPOSITIONS.

☞ MODÈLES, tome 1er, page 245.

N° 83. — L'Ange mystérieux.

Au milieu du jardin terrestre s'élevait une plante majestueuse qui, depuis nombre d'étés en faisait l'ornement ; elle avait effacé, par l'éclat de ses couleurs, la plupart de ses compagnes, et, longtemps après qu'elle fut défleurie, son doux parfum remplissait encore les lieux qu'elle avait embellis.

Mais un hiver rigoureux survint ; la noble

plante pencha sa tête appesantie par les semences précieuses auxquelles un meilleur sol
devenait nécessaire.

Alors l'éternel jardinier qui fait fructifier
les fleurs de tous les mondes, envoya un ange
pour recueillir les semences inestimables destinées à de plus doux climats, tandis que la
tige flétrie devait retomber sur la terre où elle
prit naissance.

L'envoyé d'en haut était accompagné de trois
de ses frères, *Espérance*, *Foi*, *Charité* : tels
sont leurs noms que le ciel a révélés à la terre.

Ces trois anges entourèrent tendrement la
fleur, tandis que le premier, d'une main délicate, enlevait la semence divine, et couchait
doucement le reste sur la terre, afin que chaque chose remplît sa destinée.

Les messagers célestes s'envolèrent alors
précipitamment, apportant à leur maître la semence de vie... Oh! avec quel éclat ne doit-
elle pas maintenant et germer et fleurir!

Mais combien les autres fleurs envièrent le
sort de celle-ci! elles qui demeuraient encore
dans ces lieux, à la merci des saisons chan-
geantes! Comment des fleurs pourraient-elles
ne pas désirer les beaux jours!

Tout auprès de la plante arrachée il s'en

trouvait une autre si remarquable, qu'on aurait pu croire qu'elle n'appartenait point à nos climats ; le temps de sa floraison n'était pas venu ; mais, malgré ses brillantes promesses, à peine semblait-elle tenir à la terre.

Ses nombreux boutons, trop précoces, brillaient déjà d'un éclat céleste ; déjà s'en exhalait un parfum suave qu'enviaient les fleurs d'alentour : quelques-unes même pensaient qu'une plante terrestre n'était pas faite pour prendre un tel essor... En effet, tandis que ses fleurs prématurées s'efforçaient de s'épanouir, ses frêles racines se détachaient du sol, et sa tige délicate s'affaissait sous le poids de sa tête fleurie.

Alors le Créateur, jetant sur elle un regard d'amour, ordonne à l'un de ses messagers de cueillir les riches et pesants boutons destinés à un plus beau printemps.

Cette fois encore le bon ange fut suivi de trois de ses frères, l'amour fraternel, l'amour paternel, et le plus doux de tous les anges, l'amour maternel.

Tous trois environnent la fleur bien aimée, et, fixant sur elle leurs tristes et tendres regards, ils ne les détournèrent que lorsque sa dernière douleur eut fait place au sourire de la béatitude... L'ange avait rempli sa mission divine, et comme il achevait de courber vers la terre sa tige inanimée, ses trois compagnons, vaincus par la douleur, se penchèrent sur ses restes chéris, qu'ils auraient voulu suivre dans la froide terre prête à les recueillir.

Déjà l'ange s'élevait d'un vol rapide avec son précieux dépôt; il leur fit signe, et ils se relevèrent consolés; car ils savaient que ce n'était pas cette tige rendue à la poussière qui était l'objet de leur amour, mais bien l'essence précieuse qui les précédait dans les régions où règne un perpétuel matin.

Les compagnes de la fleur chérie voient encore cette fois avec regret l'ange s'éloigner d'elles; exposées aux rigueurs de l'hiver, elles soupirent après le printemps éternel!...

Mme Amable TASTU.

AVIS. Dites ce qui est représenté : 1° Par le jardin; 2° par la plante majestueuse; 3° par l'éclat des couleurs et les parfums de la fleur; 4° par l'hiver; 5° par l'éternel jardinier; 6° par l'ange envoyé; 7° par la semence précieuse à recueillir; 8° par la tige flétrie; 9° par les autres fleurs que les anges n'arrachent point.

Quand vous aurez précisé avec justesse le sens de ces allégories, il vous sera facile de voir quel est le but du second voyage de l'ange. Vous l'exposerez dans toute sa clarté.

Cette composition ne doit point être une froide et tiède explication. Faites votre profit du style de Mme Amable Tastu en

5

développant le sens moral; il vous suffira, pour réussir, de changer seulement les termes allégoriques.

N° 84. Le docteur Zeb.

Il y avait à Amadan une célèbre académie, dont le premier statut était conçu en ces termes : *Les académiciens penseront beaucoup, écriront peu, et ne parleront que le moins qu'il sera possible.* On l'appelait *l'académie silencieuse*, et il n'était point en Perse de vrai savant qui n'eût l'ambition d'y être admis. Le docteur Zeb, auteur d'un petit livre excellent, intitulé le *Bâillon*, apprit, au fond de sa province, qu'il vaquait une place dans l'académie silencieuse. Il partit aussitôt; il arrive à Amadan, et, se présentant à la porte de la salle où les académiciens sont assemblés, il prie l'huissier de remettre au président ce billet : *Le docteur Zeb demande humblement la place vacante.* L'huissier s'acquitta sur le champ de la mission; mais le docteur et le billet arrivaient trop tard, la place était déjà remplie. L'académie fut désolée de ce contretemps; elle avait reçu, un peu malgré elle, un bel esprit de la cour, dont l'éloquence, vive et légère faisait l'admiration de toutes les ruelles, et elle se voyait réduite à refuser le docteur Zeb, le fléau des bavards, une tête si bien faite, si bien meublée ! Le président, chargé d'annoncer au docteur cette nouvelle désagréable, ne pouvait presque s'y résoudre, et ne savait comment s'y prendre. Après avoir un peu rêvé, il fit remplir d'eau une grande coupe, mais si bien remplie, qu'une goutte de plus eût fait déborder la liqueur ; puis il fit signe qu'on introduisit le candidat. Il parut avec cet air simple et modeste, qui annonce presque toujours le vrai mérite. Le président se leva, et sans proférer une parole, il lui montra d'un air affligé la coupe emblématique ; le docteur comprit, mais ne perdit pas courage. Il voit à ses pieds une feuille de rose, il la ramasse, il la pose délicatement sur la surface de l'eau, et fait si bien qu'il n'en échappe pas une seule goutte.

A cette réponse ingénieuse, tout le monde battit des mains, on laissa dormir les règles ce jour là, et le docteur Zeb fut reçu par acclamation. On lui présenta sur le champ le régistre de l'académie, où les récipiendaires devaient s'inscrire eux-mêmes. Il s'y inscrivit donc, et il ne lui restait plus qu'à prononcer selon l'usage, une phrase de remercîment. Mais en académicien vraiment silencieux, le docteur Zeb remercia sans dire mot. Il écrivit en marge le nombre *cent*, c'était celui de ses nouveaux confrères, puis mit un zéro devant le chiffre. Le président répondit au modeste docteur avec autant de politesse que de présence d'esprit. Il mit le chiffre *un* devant le nombre *cent*.

L'abbé Blanchet.

Avis. Que signifie cette coupe exactement pleine? Et cette feuille de rose? Et ces chiffres, 0,100, 1,100?

N° 85. — L'Île déserte.

Les habitants d'une ville avaient la coutume singulière de ne choisir pour roi qu'un étranger, mais, après quelque temps de le déposer pour en mettre un autre à sa place.

Pensant un jour à faire une nouvelle élection, ils apprirent qu'un voyageur de distinction s'approchait de la ville. Ils s'empressèrent d'aller à sa rencontre, le saluèrent comme leur roi, le conduisirent au palais royal, et lui prêtèrent serment d'obéissance.

Les courtisans, pressés autour de lui, lui montrèrent tous les trésors et toutes les magnificences du palais et lui dirent : « Vois, tout cela t'appartient, tu peux en disposer suivant ton bon plaisir. Pour nous, nous sommes tes esclaves et nous serons toujours prêts à

exécuter tes ordres et aller au devant de tes désirs. Sers-toi de ta puissance et satisfais toutes
les volontés de ton cœur. »

Le nouveau roi trouva tout cela fort étonnant
et il ne savait qu'en penser. Mais il remar-
qua dans la foule un homme grave, au maintien digne, qui ne lui avait point fait sa cour
et s'était tenu à l'écart. Il s'adressa à lui et lui
dit : « Dites-moi donc, la grandeur à laquelle
je me vois élevé subitement est-elle véritable,
ou bien, tout ce qui se passe n'est-il qu'un
songe ? »

Le sage personnage lui donna des éclaircis-
sements sur l'ancien usage de la ville, qui lui
paraissait si extraordinaire, et ajouta : « Il est
bien vrai que vous avez en ce moment l'empire
sur ces richesses et sur tous les gens qui enton-
rent votre trône. Mais il faut que vous sachiez
que tout cela ne dure qu'un moment. Il arrivera,
dans peu de temps, que les habitants de la ville
vous détrôneront et vous relégueront dans une
île déserte, c'est ce qui est arrivé à tous vos
prédécesseurs, et c'est le sort qui vous est réservé. La plupart de ceux qui ont occupé le
trône avant vous, se sont laissés éblouir par les
plaisirs qu'ils pouvaient se procurer, et leur
règne n'a été qu'une ivresse continuelle. Les

avertissements que je leur ai donnés, ainsi que d'autres avant moi, ont été inutiles; ils n'avaient en conséquence à attendre, dans leur île sauvage, qu'une misère affreuse. Pour vous, faites, dès ce moment, un meilleur usage de votre puissance; si vous l'employez bien, vous pouvez changer en un paradis l'île déserte où vous serez infailliblement jeté. »

Le roi se montra prudent, il pria son sage conseiller de lui expliquer plus au long ce qu'il avait à faire, et dès ce moment, il ne fut occupé que des préparatifs de son séjour futur dans l'île déserte. Il choisit parmi ses sujets ceux qui lui parurent les plus fidèles et les plus sûrs, leur confia des sommes considérables, afin qu'ils pussent lui acheter les outils nécessaires pour construire une habitation dans l'île, lui procurer des semailles et des plantes de toute sorte, ainsi que des animaux domestiques, pour y arranger un jardin et y cultiver des champs, et lui fournir en abondance tout ce qui concourt aux commodités et aux aisances de la vie.

Enfin, arriva le jour où les habitants de la ville se saisirent du roi et l'ayant conduit au bord de la mer, l'embarquèrent sur un vaisseau qui devait faire voile pour l'île déserte. Lorsqu'il arriva, accoururent tout joyeux, à sa rencontre, les fidèles ouvriers qu'il avait envoyés d'avance, ils lui montrèrent sa nouvelle habitation, les jardins magnifiques qui l'entouraient, les champs, les prairies qui s'étendaient à perte de vue, les belles plaines couvertes d'innombrables troupeaux. Il trouva en abondance tout ce qui est utile et agréable; et mena, dans ce séjour, une vie plus tranquille et plus heureuse que pendant le temps de sa royauté passagère.

Saint BARLAAM.
Traduction de G.

AVIS. Il faudra dire : 1º Ce que c'est que la ville qui fête l'étranger. 2º Quels sont les flatteurs qui entourent le roi. 3º Quel est le sage conseiller qui dicte au roi la conduite à suivre. 4º Enfin, ce que signifie l'île déserte.

Tout cela sera d'un style fort simple en quatre paragraphes courts. On pourra les faire suivre d'une petite réflexion.

Nº 86. — Les Amis après la Mort.

Le serviteur d'un grand roi avait été envoyé dans une île lointaine pour gérer des biens appartenant au domaine de la couronne. Tout-à-coup, arriva un messager royal qui lui apporta l'ordre de paraître aux pieds du trône pour rendre compte de son administration.

Cet homme s'était rendu coupable de beaucoup de fautes et il était fort inquiet de paraître devant le roi, ne sachant comment y justifier sa gestion ; toutefois, comme il avait des amis puissants, il les pria instamment de l'accompagner, dans le long voyage qu'il allait faire, afin d'intercéder pour lui près du roi. Mais parmi ces amis, ceux-là même à qui il avait rendu, pendant sa vie, le plus de services et en qui il avait eu la plus grande confiance, ne voulurent point se déranger ; ils se contentèrent de lui jeter un mauvais drap de toile pour s'envelopper pendant son voyage. D'autres amis qu'il avait toujours aimés et à qui il avait fait beaucoup de bien, se montrèrent, très affligés de son épart et l'accompagnèrent, en pleurant amèrement, jusqu'à son vaisseau ; mais, arrivés là, ils le quittèrent, retournèrent à leurs affaires, et peu à peu l'oublièrent tout-à-fait.

Il y avait encore quelques amis pour qui il n'avait pas eu toute l'estime qu'ils méritaient ; mais toutefois qu'il n'avait jamais abandonnés. Dans son pressant besoin du moment, ce fut à eux qu'il eut recours, et véritablement ils se montrèrent alors amis très fidèles ; ils s'embarquèrent avec lui, l'accompagnèrent pendant son voyage, parurent à ses côtés devant le trône du roi et parlèrent en sa faveur avec une telle énergie, que le roi lui rendit ses bonnes grâces et lui donna dans son magnifique royaume une place plus belle que celle qu'il avait eue auparavant dans sa petite île.

Saint BARLAAM.

Traduction de G.

Avis. Désignez clairement ce que sont les trois espèces d'amis, les faux, les indifférents et les véritables, en trois paragraphes suffisamment développés. Style clair et simple.

FABLES ET APOLOGUES.

☞ PRÉCEPTE DU GENRE, tome 1er, page 246.

COMPOSITIONS.

N° 87. — La Goutte d'eau et la Source.

Une goutte de pluie tomba des nuées sur un arbre —... Une source qui coulait au pied de l'arbre lui cria : « Viens dans mon sein » —... La goutte d'eau refusa, préférant tomber sur la mousse, — mais elle rencontra un caillou ;

5*

alors elle appela la source qui lui fit une remontrance sévère —...

Avis. La remontrance de la source est la seule difficulté de
ce canevas. Elle ne devra point être trop longue, et tendra à
prouver que l'isolement est la cause de la faiblesse, et que
l'ambition du bien être est une déplorable folie. On dira, pour
finir, ce que devient la goutte d'eau sur son caillou.

N° 88. — Le Rossignol et la Fourmi.

Un rossignol, s'étant établi dans un jardin
délicieux, choisit le plus beau rosier pour
chanter ses airs harmonieux; au pied de ce rosier, une fourmi avait établi sa petite demeure —...

La fourmi travaillait, le rossignol chantait
malgré les murmures de sa voisine —... Ainsi
se passa la belle saison.

L'Automne arriva —...

Le rossignol eut la douleur de voir son rosier
défleuri et de perdre son éclatante voix —...
épuisé par un long jeûne, il vola vers la fourmi,
lui fit l'aveu de ses fautes, et demanda quelques
provisions —...

La fourmi lui répond sévèrement —...

Avis. Cette fable ressemble à celle de Lafontaine (La cigale
et la fourmi). La différence est que la fourmi, dans la nôtre,
ne refuse pas des provisions, mais tient seulement au chanteur

imprévoyant un petit discours terminé en épiphonême. — Le premier paragraphe contiendra l'exposition en style gracieux et simple. Dans le second, consacré à la description de l'emploi du temps des deux personnages, il y aura un petit monologue de la fourmi. Le troisième sera consacré à une jolie description de l'automne et des premières neiges. Le quatrième contiendra un monologue du rossignol, hésitant à aller prier la fourmi de lui donner quelques provisions; puis, viendra la conversation qui amènera l'épiphonême.

N° 89. — L'Écolier, l'Abeille, l'Hirondelle et le Chien.

Un jeune enfant s'en allait à l'école, triste et pleurant, car il ne pouvait jouer et courir, et son livre était lourd. — Il rencontre une abeille et lui propose de s'amuser avec lui; mais l'insecte ailé répond que les fleurs viennent de naître et qu'il faut travailler —... Plus loin une hirondelle voltigeait, l'enfant lui fait la même proposition qu'à l'abeille, mais l'oiseau répond que ses amis l'attendent, pour avoir la certitude du printemps et qu'il faut qu'elle songe à son nid —... L'enfant reste pensif, et laisse tomber son livre —... Un gros chien, nommé Stentor, l'observait en silence —... L'écolier parle au chien et lui confie qu'il est bien ennuyé —... Stentor lui détaille toutes les occupations de son maître, et les siennes propres; il engage l'enfant à étudier pour devenir savant —... L'écolier l'écoute avec plaisir, et s'éloigne content —...

Avis. La rencontre de l'abeille et de l'hirondelle offriront quelques détails gracieux. Le morceau capital sera le discours de Stentor, qui, après avoir exposé ses occupations, parlera à l'enfant des douceurs de la science, du bonheur qui l'attend quand il sera grand. Le ton de ce discours sera grave et tempéré par quelques expressions douces propres à flatter l'enfant.

N° 90. — La Brebis.

C'était la fête de Jupiter, — assis sur son trône avec Junon, il recevait les offrandes des animaux. — Junon remarque que la brebis ne paraissait point et s'en plaint. — Le chien dit que la brebis, désolée de ne pouvoir, en ce jour solennel, offrir de la laine ou du lait, n'avait pas osé se présenter —... et qu'elle était allée prier le berger de l'immoler. — En effet, en ce moment, l'odeur agréable du sacrifice monte jusqu'au trône du maître des dieux —... Attendrissement de Junon. —

Avis. Style simple et naïf.

N° 91. — La Mort et le Chrétien.

Un jour, un homme vertueux rencontra la mort. Salut, lui dit-il. — Eh quoi! dit la mort, tu n'as pas peur? — Vois-tu mon cortége lugubre? —... Pourquoi cette sérénité? — qui es-tu donc? . — Je n'ai pas peur, réplique l'homme vertueux, — je vois ton cortége, — je t'accueille comme une amie, — je suis chrétien...

La mort souffla sur l'homme et tout disparut dans une tombe —... Je pleurais; mais tout-à-coup des voix divines attirèrent mes regards vers les nuages; dans ces nuages je vis le chrétien. Il souriait... Des esprits célestes l'accueillaient... Puis, je regardais dans la tombe... il n'y avait que la dépouille usée du chrétien.

Avis. Vous emploierez la disjonction dans la conversation de la mort et du chrétien; car celui-ci répondra immédiatement à chacune des questions de la mort.

N° 92. — Le Ver luisant et le Crapaud.

Un ver luisant était sur l'herbe —... Un crapaud s'approche et le couvre de son venin —... L'insecte se récrie; — mais le crapaud lui reproche son éclat. —

Avis. Cette fable est un peu courte, il faut en soigner la rédaction. On n'exprimera pas l'épiphonême; tout le monde le devine et sait qu'il *faut s'éloigner des méchants de peur de voir ternir son mérite.*

N° 93. — La Goutte de Pluie.

Une goutte de pluie aperçut la mer en descendant des nuages. — Que suis-je, s'écria-t-elle, en comparaison de toute cette eau? —... Son humilité fut récompensée, car une coquille la reçut et en fit une perle précieuse. —... *Epiphonéme; la modestie fait l'élévation.*

Avis. Suivant les auteurs orientaux, tous les ans, à une certaine époque, les huîtres à perles s'élèvent à la surface de la mer et s'entrouvrent pour recevoir la pluie, dont les gouttes forment des perles. Il faudra encadrer l'épiphonème dans le récit.

N° 94. — La Grue blessée.

Déjà l'automne dépouillait les bosquets... lorsqu'une légion de grues arriva sur le bord de la mer. Elles s'y reposèrent un jour avant de franchir l'océan —...

Une grue blessée se tenait à l'écart, et ses compagnes se moquaient de sa douleur —...

Si je suis boîteuse, ce n'est pas ma faute, se disait-elle, dans sa sombre douleur, j'ai travaillé autant que les autres... on se moque de moi! —... Si je pouvais traverser la mer! mais elle sera mon tombeau —...

Cependant, un vent favorable, s'élevant de la terre, souffle sur les eaux. La troupe part joyeuse —... La grue blessée resta seule en arrière et se reposa souvent sur les herbes marines —...

Enfin, elle vit la terre —... et guérit. — Elle aborda heureusement... tandis que plusieurs de celles qui l'avait raillée, trouvèreut la mort dans les flots.

Justes, qui souffrez —... courage! —... A l'autre bord il est une contrée plus heureuse; un lieu de délices vous y attend.

AVIS. Au commencement, courte description des premiers jours d'automne. — Tristesse de la grue blessée à la patte; cris sauvages de ses compagnes. — Monologue de la grue, ton gémissant. — Petit tableau du départ des grues, souffrances de la blessée pendant la traversée. — Morale grave et noblement exprimée.

Nº 95. — Le Chien et le Chat.

Pataud, chien bon et aimable, jouait avec Raton, chat malin et hypocrite. — Pataud ne mordait point Raton et prenait garde même de l'égratigner, mais Raton, malgré ses promesses faisait tout le contraire —... Pataud se dégoûta du jeu et fit la mine à Raton, qui lui demanda les motifs de ce changement. — Le chien les lui dit sévérement. —

Avis. La morale de la fable sera dans les dernières paroles adressées par Pataud à Raton, soit : *un franc ennemi vaut mieux qu'un ami perfide.*

N° 96. — La Linotte.

Une jeune linotte quitta sa mère et voulut vivre indépendante —... Elle chercha un endroit pour se bâtir un nid et choisit un grand chêne —... Le nid achevé, la linotte siffle et se promène —... Deux jours après, pendant son absence, un orage impétueux renverse le chêne —... Grande douleur de la linotte à son retour —... Elle va s'établir dans les broussailles, mais ici elle est incommodée par la poussière et les insectes —... Obligée de fuir, elle choisit pour asile un joli buisson, où enfin elle trouve la tranquillité et le bonheur —... Morale. — *Le bonheur est dans la médiocrité...*

Avis. La linotte récitera trois petits monologues : le premier, quand elle se décide à bâtir son nid sur le chêne ; le second, lorsqu'elle trouve le chêne renversé ; et le troisième lorsqu'elle se fixe dans les broussailles ; la morale sera dans la bouche du narrateur.

N° 97. — Le Grillon et le Ver luisant.

Un grillon rencontre par une belle nuit un ver luisant au milieu de la prairie —... Il lui

fait compliment de l'éclat qu'il jette au loin —...
Le ver luisant lui répond sur un ton un peu
fier et glorieux et prend pitié des couleurs
sombres du grillon —... Tout-à-coup, un oiseau nocturne attiré par l'éclat du ver, fond
sur lui et l'avale du premier coup —...Le grillon, témoin de cette mort tragique, s'applaudit
de son noir vêtement et reconnaît qu'il *peut
coûter cher de briller* —...

· AVIS. Il y aura dans cette fable deux petits discours et un monologue. Le discours du grillon sera amical et flatteur; celui
du ver sera vain et pompeux. Le monologue du grillon, après
la mort du ver, sera philosophique et sententieux et contiendra
la morale.

DÉCOMPOSITIONS.

☞ LE MODÈLE, tome 1ᵉʳ, page 249.

N° 98. — Les Animaux malades de la peste.

Un mal qui répand la terreur,
    Mal que le ciel en sa fureur,
Inventa pour punir les crimes de la terre,
La peste, puisqu'il faut l'appeler par son nom,
Capable d'enrichir en un jour l'Achéron,
    Faisait aux animaux la guerre,
Ils ne mouraient pas tous, mais tous étaient frappés :
    On n'en voyait point d'occupés
A chercher le soutien d'une mourante vie ;

Nul mets n'excitait leur envie;
Ni loups, ni renards n'épiaient
La douce et innocente proie ,
Les tourterelles se fuyaient ,
Plus d'amour , partant plus de joie.
Le lion tint conseil et dit : — Mes chers amis ,
Je crois que le ciel a permis
Pour nos péchés cette infortune;
Que le plus coupable de nous
Se sacrifie aux traits du céleste courroux ;
Peut-être il obtiendra la guérison commune.
L'histoire nous apprend qu'en de tels accidents
On fait de pareils dévouements.
Ne nous flattons donc point , voyons sans indulgence
L'état de notre conscience.
Pour moi , satisfaisant mes appétits gloutons ,
J'ai dévoré force moutons.
Que m'avaient-ils fait? nulle offense.
Même il m'est arrivé quelquefois de manger
Le berger.
Je me dévouerai donc s'il le faut , mais je pense
Qu'il est bon que chacun s'accuse ainsi que moi ;
Car on doit souhaiter, selon toute justice,
Que le plus coupable périsse. =
Sire, dit le renard , vous êtes trop bon roi ;
Vos scrupules font voir trop de délicatesse.
Eh bien ! manger moutons , canaille , sotte espèce,
Est-ce un péché , non , non. Vous leur fîtes, seigneur ,
En les croquant, beaucoup d'honneur,
Et quant au berger , l'on peut dire
Qu'il était digne de tous maux ,
Etant de ces gens-là qui sur les animaux
Se font un chimérique empire.
Ainsi , dit le renard et flatteurs d'applaudir.

On n'osa trop approfondir ,
Du tigre, ni de l'ours, ni des autres puissances,
     Les moins pardonnables offenses ,
Tous les gens querelleurs jusqu'aux simples mâtins
Au dire de chacun étaient de petits saints.
L'âne vint à son tour, et dit : J'ai souvenance ,
     Qu'en un pré de moines passant ,
La faim , l'occasion , l'herbe tendre , et , je pense ,
     Quelque diable aussi me poussant ,
Je tondis de ce pré la largeur de ma langue ;
Je n'en avais nul droit , puisqu'il faut parler net.
A ces mots, on cria haro sur le baudet !
Un loup, quelque peu clerc , prouva par sa harangue ,
Qu'il fallait dévouer ce maudit animal ,
Ce pelé , ce galeux , d'où venait tout le mal.
Sa peccadille fut jugée un cas pendable ;
Manger l'herbe d'autrui ! quel crime abominable !
     Rien que la mort n'était capable
D'expier son forfait. On le lui fit bien voir.
Selon que vous serez puissant ou misérable,
Les jugements de cour vous rendront blanc ou noir.
LAFONTAINE.

AVIS. *Forme.* — Indiquez où se trouve une suspension et son effet. Quelles figures contiennent ces mots : *L'Achéron,* — et *flatteurs d'applaudir.* — *Je tondis de ce pré la largeur de ma langue.* — *Un loup quelque peu clerc.* Dans la métaphore : *Les traits du céleste courroux,* précisez le rapport de comparaison.

Mais vous ne devez pas borner là votre examen de cette belle fable. Vous aurez donc à signaler les tons divers du style du poëte. Vous analyserez presque mot à mot, la confession du lion, la justification du renard, l'admirable confession de l'âne, et le réquisitoire du loup. Pour y réussir vous direz pourquoi tels ou tels mots sont employés de préférence.

Fond. — Dites un mot de l'exposition , du nœud et du dénouement. Voyez si les règles de la disposition narrative sont bien observées.

Enfin, réduisez la fable à quelques lignes.

N° 99. — Le Loup et l'Agneau.

La raison du plus fort est toujours la meilleure ;
Nous l'allons montrer tout-à-l'heure.
Un agneau se désaltérait
Dans le courant d'une onde pure.
Un loup survint à jeun qui cherchait aventure,
Et que la faim en ces lieux attirait.
Qui te rend si hardi de troubler mon breuvage ?
Dit cet animal plein de rage ;
Tu seras châtié de ta témérité.
Sire, répond l'agneau, que votre majesté
Ne se mette pas en colère ;
Mais plutôt qu'elle considère
Que je me vas désaltérant,
Dans le courant
Plus de vingt pas au-dessous d'elle ;
Et que par conséquent, en aucune façon,
Je ne puis troubler sa boisson. —
Tu la troubles ! reprit cette bête cruelle ;
Et je sais que de moi tu médis l'an passé. —
Comment l'aurais-je fait, si je n'étais pas né ?
Reprit l'agneau, je tette encore ma mère. —
Si ce n'est toi, c'est donc ton frère. —
Je n'en ai point. — C'est donc quelqu'un des tiens ;
Car vous ne m'épargnez guère,
Vous, vos bergers et vos chiens.
On me l'a dit ; il faut que je me venge.
Là dessus, au fond des forêts,

Le loup l'emporte et puis le mange,
    Sans autre forme de procès.
                              LAFONTAINE.

AVIS. *Forme*. Quelle est la figure le plus facile à apercevoir? Où se trouve l'épiphonème? Que pensez-vous des raisons du loup et de la logique de l'agneau?

Fond Rédigez sous forme de syllogismes classiques l'argumentation des deux acteurs. Indiquez où finit l'exposition, où commence le dénouement. Mettez la fable en quelques lignes.

TABLEAUX ET DESCRIPTIONS.

☞ PRÉCEPTES DU GENRE, tome 1er, page 253.

COMPOSITIONS.

N° 100. — Le Déluge.

Tous les vents mugissent... (1) L'océan bouillonnant entraîne les forêts... (2) Les animaux du nord viennent heurter ceux du midi —... (3) Tous oublient leur férocité —... L'aigle fuit les rochers... Les hommes seuls se disputent les terres non encore submergées —... La faim... (4) Tout disparaît sous les flots, villages et cités... (5) Bientôt les montagnes sont escaladées par l'eau... (6) Quand rien ne se vit plus —... le ciel reprit sa sérénité —... (7)

NOTES. (1) L'eau tombe, les fleuves s'arrêtent et débordent, la mer franchit ses limites. (2) Désastres produits par l'océan, qui envahit les déserts comme les riches plaines, emportant les débris de l'art et de la nature. (3) L'ours blanc du pôle près du tigre de l'équateur, le cèdre du Liban mêlé au saule de la Norvége, etc. (4) Tableau de la faim. (5) Portrait pittoresque des villes montrant encore leurs dômes au-dessus des eaux qui couvrent enfin toutes les œuvres humaines. (6) Lutte de l'eau et du feu au sein des volcans. (7) Tableau d'un beau jour se levant sur une mer sans rivages.

N° 101. — L'Océan.

Déroule tes vagues d'azur, majestueux Océan! Mille flottes sillonnent ton sein. L'homme qui bouleverse la terre, voit son pouvoir s'arrèter sur tes bords. Tu produis seul tous tes ravages — Le naufragé est pour toi comme une goutte d'eau —... (1) Tes rivages sont des empires...(2) Les empires tombent, rien ne change en toi —... Tu es une glace où Dieu se mire dans la tempête —... En quelqu'état que tu sois (3), tu ne cesses pas d'être sublime —...

AVIS. Cette description sous forme d'apostrophes à l'Océan, est riche en détails de tout genre. Vous pouvez ajouter beaucoup d'idées à celles du canevas.

NOTES. (1) Lutte de l'homme avec l'Océan, tableau d'un nau-

frage. (2) Instabilité des empires opposée à l'immuabilité de la
la mer. (3) Contrastes, calme ou agité, glacé ou bouillonnant,
caressé par le zéphir ou soulevé par l'aquilon, etc., etc. ; tel est
l'Océan.

N° 102. — Les Nuages.

Tout le monde a remarqué, dans les soirées
chaudes de l'été, que les nuages se groupent
dans le ciel, de manière à former des figures
fantastiques. Vous ferez cette observation en
d'autres termes, puis, vous commencerez la
description suivante :

Un soir, environ une demi-heure avant le
coucher du soleil, le vent alizé du sud-est se
ralentit, comme il arrive d'ordinaire vers ce
temps. Les nuages qu'il voiture dans le ciel à
des distances égales comme son souffle, de-
vinrent plus rares, et ceux de la partie de
l'ouest, s'arrêtèrent et se groupèrent entre eux
sous les formes d'un paysage.

Vous ne changerez rien à ce commencement
et vous dépeindrez le paysage aérien qui vous
plaira le plus. Vous pourrez placer de hautes
montagnes, des vallées et des rochers, sur les
flancs desquels errent de légers nuages. Vous
y mettrez un grand fleuve avec des cataractes,
traversé par un grand pont à plusieurs arca-

des, et des bosquets de palmiers ; vous ferez jouer sur le tout les rayons du soleil couchant, et vous animerez la scène par l'éclat des éclairs et le fracas du tonnerre.

Quand cette description sera achevée, vous ferez abaisser le soleil sous l'horizon et disparaître comme par enchantement tout le tableau. La lune viendra avec son cortége d'étoiles couronner gracieusement votre composition.

Nº 103. — L'Enfance.

C'est l'âge où les agréments du maintien, les grâces naïves de la personne apparaissent avec le plus d'éclat, parce que tout est conforme à la nature et que rien n'est vicié ni déformé par les travaux pénibles—... Ainsi l'enfant a les membres bien proportionnés—... Sa main, son dos n'ont point supporté les fardeaux de l'atelier—.... Ses cheveux flottent.... Sa peau n'est pas ternie... La vie lui paraît semée de fleurs.... Le chagrin ne l'a point encore ateint—..... La défiance lui est inconnue—.... Son imagination n'enfante que des idées agréables —... Ses peines légères se dissipent rapidement —... Que lui manque-t-il ?

Avis. Style un peu grave, d'où vous bannirez les fleurs et les figures.

N. 104. — Une Vallée.

Dieu m'a découvert une retraite favorable à mes vues : ce riant tableau d'une solitude qu'aimait à se créer mon imagination, je l'ai sous les yeux. Je suis près d'une haute montagne toute couverte de bois épais. Au nord est la source d'un fleuve. — Au pied est une plaine, — fermée de tous côtés par des arbres. — Moins belle est l'île de Calypso... Car peu s'en faut que mon désert ne soit une île. D'un côté est le fleuve —, de l'autre, des collines. — Je vois la plaine du haut de mon habitation —, et le fleuve qui coule rapidement est très poissonneux (1) —..... Les fraîches vapeurs..., les fleurs, les oiseaux, les fruits, le repos (2)...., les bêtes fauves se promènent en paix (3) —... Combien je perdrais, si je quittais un tel séjour, pour aller habiter les grandes villes !

Avis. (1) Cours rapide du fleuve naissant, qui heurte les rocs avec impétuosité, tourbillonne, forme des gouffres. (2) Loin des villes et de leur tumulte. (3) Les lièvres, les cerfs, les chèvres sauvages, à l'abri de la poursuite des ours et des loups, mais non du chasseur.

6

M. 105. — Les Nids des Oiseaux.

Une admirable providence se fait remarquer dans les nids des oiseaux. Cette bonté divine... attendrit l'âme. —

Dès que le printemps —... Les ouvriers sont à l'ouvrage. — Les uns sont porte-faix (1) — les autres maçons (2), — ceux-ci crocheteurs (3), — ceux-là bûcherons (4), — quelques-uns tisseurs (5). — Mille palais s'élèvent..... et sont les théâtres des métamorphoses.... Le petit prend des plumes (6)...., il regarde la nature (7) —.... Tandis qu'il croît — un vieil oiseau...... vient mourir sur les bords du euve—....

NOTES. (1) Ceux qui transportent des pailles et des plumes, comme le moineau. (2) Comme l'hirondelle. (3) Ceux qui recueillent les crins et la laine suspendus aux buissons, comme la fauvette, le pinson. (4) Ceux qui croisent des branches, comme la pie. (5) Ceux qui recueillent la soie du chardon, pour en faire des tapis, comme le linot, le chardonneret. (6) Leçons de la mère qui apprend à son petit à se soulever, qui l'encourage à admirer la nature. (7) Le petit s'enhardit, il contemple le ciel, il va prendre son vol.

AVIS. Dans l'énumération des travaux, il ne faudra mentionner les noms des états, qu'autant que vous saurez les placer d'une manière pittoresque. Il ne faudra nommer aucune espèce d'oiseaux.

N° 106. — Le chant du Rossignol.

Le rossignol dédaigne de perdre sa voix au milieu des symphonies harmonieuses des autres chantres du printemps : il attend la nuit...

Il y a un moment où il n'est plus jour, où il n'est pas encore nuit —... C'est à cette heure que le rossignol fait entendre sa voix. — Quand tout se tait —... D'abord son ton est brillant, désordonné —... C'est la gaîté folâtre —... Puis il change d'accents —... C'est une tendre mélodie... Quand il a vu son nid détruit, il chante encore —....., c'est le même air —..... mais il a changé de ton... et l'on entend le cri de la douleur —...

Avis. Style brillant et poétique.

N° 107. — Une Sécheresse.

Le soleil est dans le signe du Cancer et du feu de ses rayons il embrâse la terre. La chaleur... La fleur, la feuille, l'herbe, la source — tout se dessèche —... Le ciel est brûlant —... Point d'air —... La nuit est sans rosée —... Le sommeil est impossible —... La soif tourmente les hommes —... Leur imagination leur fait voir des ruisseaux —..... Le cheval languit —... Le chien fidèle oublie son maître et son asile... Ainsi languissait la terre, ainsi périssaient les malheureux humains.

AVIS. Cette description est difficile, en ce que, sans répéter les mêmes mots, il faut peindre un certain nombre d'idées semblables. Pénétrez-vous bien du sens de toutes les expressions du canevas ; vous éviterez toute répétition et la monotonie de ton.

N° 108. — La Mer Morte.

Le voyageur, qui s'approche de la Mer Morte, oublie la fatigue, la soif et les dangers du chemin, en se rappelant la catastrophe effrayante, qui métamorphosa en un désert aride et affreux la belle et fertile vallée de Siddim, jadis... et maintenant... Ces eaux ne ressemblent à aucunes autres —... elles sont le tombeau de Sodome et Gomorrhe, villes florissantes autrefois —... Point de poissons — point de barque — aucune communication avec l'Océan. — La terre... n'est que sel et soufre. On n'y voit ni semence, ni herbe. — L'épithète de *morte* convient à la terre aussi bien qu'à l'eau. — Des vapeurs bitumineuses écartent les oiseaux. — Le péché a fait un enfer de ce paradis.

AVIS. Voici, pour vous aider, une courte notice. Le lac Asphaltite ou *Mer-Morte*, est un réservoir où aboutissent les eaux les plus claires, les plus limpides, les plus pures de l'Asie. Et pourtant ce lac long de 24 lieues sur trois ou quatre de largeur n'est qu'un immense et transparent cloaque. Ces eaux si pures, aussitôt qu'elles y entrent, perdent leurs qualités primitives. Aucune espèce de poissons ne peut habiter les ondes du lac, les oiseaux en fuient le voisinage et c'est parce que rien de ce qui a vie, ne peut y tenir, qu'on le nomme *Mer-Morte*. « C'était autrefois, dit l'Ecriture-Sainte, une belle campagne couverte de jardins, ombragés d'arbres délicieux.

N° 109. — Une Avalanche.

NOTE. L'avalanche est une énorme masse de neige qui se détache du sommet des hautes montagnes. Il y a l'avalanche d'hiver, causée par les vents qui chassent des flocons de neige.

Ces flocons, en roulant, forment une petite boule qui s'accroît peu à peu et devient une masse redoutable. Mais cette avalanche n'est rien en comparaison de l'avalanche du printemps; celle-ci se forme, lorsque les sommets des montagnes sont couverts d'une couche épaisse de neige, à demi détachée des rocs par la tiédeur de l'atmosphère. Si quelque bruit vient alors à agiter l'air, l'avalanche se détache avec un bruit semblable à un coup de tonnerre, glisse d'abord, puis roule sur les flancs de la montagne, en écrasant tout ce qu'elle rencontre sur son passage. — Vous allez nous décrire ces deux espèces d'avalanches.

—

Dans les montagnes du Tyrol, de vastes plateaux de glace recueillent pendant neuf mois de l'année les neiges permanentes, entassées comme dans un bassin, en couches irrégulières compactes, épaisses d'au moins deux cents pieds! Ces neiges ne fondent point pendant l'été, — mais deviennent glaces, et forment des monts sur d'autres monts —...

Mais cette neige ne s'arrête pas subitement en vagues immobiles. Molle et poudreuse d'abord... (Décrivez l'avalanche d'hiver en quelques lignes.)

C'est l'avalanche froide ou l'avalanche d'hiver; mais ce n'est pas la plus terrible. Au mois de mai... (Décrivez l'avalanche du printemps.)

N° 110. — Un Désert.

Qu'on se figure un pays sans verdure et sans eau..... (1) des montagnes arides..... à l'horizon, — une terre morte... (2) une solitude immense sans ombrage —... mille fois plus

affreuse que celle des forêts : car les arbres
sont des êtres pour l'homme... plus isolé...
ici — il voit partout l'espace comme son tombeau. La lumière du jour... ne renaît que pour
éclairer l'horreur de sa situation...

AVIS. Il faudra tâcher de mettre cette description en une
seule période ; mais si cette recommandation vous gênait trop,
vous arrangerez votre style avec le plus de concision possible.

NOTES. (1) Ici le soleil brûlant, le ciel sec, le sable, etc.
(2) Les vents, les débris de rocs, les ossements, les cailloux
jonchés, etc.

N° 111. — Un Volcan.

Quand le Vésuve est en éruption, il en dé-
coule un torrent de feu. Ce feu est d'une couleur funèbre ; il brille néanmoins quand il
embrase les végétaux. — Mais la lave même
est sombre... (1) elle roule lentement un sable
noir de jour et rouge de nuit. A son approche, elle pétille légèrement, mais traîtreuse-
ment —... (2) Elle accourt lentement. — Si
elle rencontre un mur élevé... elle s'arrête en
s'amoncelant et l'escalade —... On peut fuir
devant elle, mais malheur à l'imprudent —...
Le feu du volcan se réfléchit dans le ciel, le
ciel en renvoie l'éclat à la mer. —

Le vent tourbillonne dans le volcan. — On

tremble —... Les rochers sont tachés de couleur verdâtre, jaunâtre, rougeâtre —...

On dirait que l'enfer est là —...

Avis. Pour bien remplir ce canevas, il est essentiel de bien faire attention aux signes indicatifs de remplissage, et de distinguer quand l'on n'a qu'à exprimer une idée en d'autres termes, ou lorsqu'il faut ajouter des idées accessoires.

Notes. (1) Placez ici une petite comparaison empruntée à la mythologie. (2) Comparez la marche de la lave à celle du tigre, mais en peu de mots.

N° 112. — Un Orage.

Les nuages s'amoncèlent à l'horizon —...
Le tonnerre gronde —... Un vent léger s'é-
lève —... Un horrible calme lui succède —...
Le nuage s'avance —... L'éclair brille —...
L'air est obscurci —... La foudre éclate —...
Un vent violent du couchant soulève des tourbillons de poussière —... Le peuple court dans
les temples —... La grêle tombe —... Le fer-
mier consterné voit s'évanouir en un jour toutes
ses espérances —...

Avis. Ce sujet est fécond. Rappelez vos souvenirs. Style rapide et animé.

N° 113. — Le Vent du Désert.

Le vent du midi, qui souffle sur les déserts,
est redouté des voyageurs. Des signes certains

l'annoncent : le soleil paraît à son lever d'un rouge de feu, et sans rayons ; les dromadaires enfoncent leurs naseaux dans le sable, les serpents rentrent effrayés dans le sein de la terre. Bientôt le tourbillon accourt, il emporte le sol, fait voltiger le sable en colonnes immenses ou le ramasse en montagnes élevées, qui changent de place à chaque instant. L'air est embrasé, on respire des flammes.

Supposez que vous avez entrepris à cheval la traversée du désert, un guide monté sur un dromadaire vous accompagnera, et votre voyage commencera avant le lever du soleil. Le vent du désert vous surprendra à la troisième heure du jour. Peignez votre détresse, et l'effroi du guide, qui ne reconnaît plus son chemin. Vos outres pleines d'eau se vident, votre guide meurt étouffé, son dromadaire disparaît. Découragé, vous vous abritez sous un jeune acacia, et vous attendez là, en priant Dieu, le vent du nord que la nuit vous ramène. Racontez-nous ce petit voyage.

N° 114. — Les Alpes.

La nature y rassemble tout ce qu'elle a d'horreurs et de beautés. Vaste horizon, verdure, fleurs, moissons, ruisseaux, cascades, lacs, fleuves, torrents, troupeaux, forêts, rocs, vallons où règne le printemps, coteaux où règne l'automne, abîmes, neiges, glaciers, etc., etc. —...

Avis. Cette description ne sera qu'une longue accumulation qu'il faudra rendre pittoresque, en rehaussant par des tournures épithétiques de bon goût, les principales idées réveillées par les termes du canevas. Quand vous en serez aux glaciers, vous vous étendrez davantage, en parlant de leurs pyramides, de leurs couleurs, et des effets impuissants du soleil sur ces masses toujours glacées. Vous finirez en disant *un mot* de l'avalanche de printemps. (*Voir canevas*, n° 109.)

N° 115. — Rapidité de la vie.

La vie humaine est un chemin qui conduit à un précipice affreux. Nous en sommes avertis, mais nous ne pouvons retourner sur nos pas.— nous sommes entraînés —... On se console parce qu'on trouve quelques fleurs —... On voudrait se reposer —... Mais non, il faut approcher du gouffre. — Déjà tout commence à s'effacer... il faut marcher. — La mort est là, voilà le gouffre —...

Avis. A la suite de chacune des idées, ou agréables ou tristes du canevas, on exprimera le désir de l'homme de s'arrêter; mais une voix lui criera : marche !

N° 116. — Les Rogations.

La cloche du hameau se fait entendre... On s'assemble dans le cimetière de la paroisse... Bientôt arrive le curé —... (1) Il fait un petit discours —..... Après, chacun marche et chante —..... (2) On parcourt les sentiers étroits —... (3)

La procession rentre enfin au hameau. Chacun retourne à son ouvrage... On est plein d'espérance —... Les vieillards vont le soir causer avec le curé —... (4)

NOTES. (1) Parlez de la modeste demeure du curé, située près du cimetière. (2) Montrez-nous l'ordre de la procession. (3) Chemins rustiques que suit la procession, fleurs et feuillages qui la bordent, oiseaux qui chantent. (4) Clair de lune, voix mystérieuses de la nature qui semblent apporter à l'oreille les bruits des plantes qui se développent.

N° 417. — Le Matin à la Campagne.

Nous avons tous un goût naturel pour la vie champêtre. Loin du fracas des villes... nous vivons paisiblement au milieu des champs. —

Examinez la scène du matin. — Le soleil va se lever, — le rossignol chante sa dernière gamme —... Les collines se dessinent à l'horizon —... L'homme des champs s'éveille, il vaque à ses travaux ainsi que sa compagne —... (1) Cependant le soleil... l'ombre fuit —... Le vent fraîchit... les fleurs boivent la rosée —... Oh! combien l'âme est émue... (2)

NOTES. (1) Indiquez les travaux de l'homme des champs et de la fermière, choisissez ceux qui plairont le plus à votre imagination. (2) Placez ici quelques courtes réflexions sur le bonheur de la vie champêtre.

N° 118. — Une Tempête sur la Méditerranée.

La tempête éclate à la chute du jour. Le vent devient plus fort —... Le vaisseau roule d'abîme en abîme, et chaque fois qu'il tombe sur le flanc, ses mâts semblent s'écrouler... il craque... toute la nuit se passe ainsi ; au lever du soleil s'accroît la force du vent —... La mer ne présente plus qu'un amas de montagnes d'eau séparées entre elles pourtant par des plaines —... (1) Le jour s'écoule... l'horizon s'enflamme —... L'éclair brille —... La foudre gronde —... trois fois elle tombe autour de nous. L'écume des vagues ressemble à du feu —... Le mer est un volcan —... Le matin la tempête s'appaise.

NOTE. (1) Tâchez de bien peindre la position du vaisseau, jeté entre ces montagnes d'eau. Les unes le prennent de côté, les autres passent par dessus ; il est poussé par celle-ci, rejeté par celle-là, un moment tranquille dans les plaines, il rentre bientôt dans la région des montagnes, etc., etc.

N° 119. — Marseille.

(Description plaisante sous forme épistolaire.)

LE DUC DE PLAISANCE AU COMPTE DE TURPIN.

Le duc de Plaisance se trouvant à Marseille, au printemps de l'année 1769, mécontent de son climat si vanté, ainsi que de la ville elle-même (qui n'était point alors ce qu'elle est aujourd'hui), raconte en style ironique, au comte de Turpin les agréments de ce pays. Voici le commencement de sa lettre.

« J'allais finir ici ma lettre, mais en dépit
« de ma paresse, il me prend un remords. Je
« ne peux guère me dispenser honnêtement de
« vous dire deux mots de cette province si
« vantée, et que je désirais tant de voir. Si je
« voulais un peu mentir, comme mes confrères
« les voyageurs, j'en ferais une peinture déli-
« cieuse.

Il continue en se plaignant d'abord du cli-mat ; on est au printemps et il fait un temps d'hiver —... On s'est moqué de ses habits lé-gers, parce que, dit-on, il n'y a que deux saisons à Marseille, l'hiver et l'été —... Ensuite il parle de la ville, dont les rues sont pavées si richement que les voitures y sont inconnues; — Comme il n'y a pas de lieux d'aisances dans les maisons, on est obligé de vider certains vases à la rue (1) — Si la peste y vient, c'est malgré la douane. — Les galériens y forment un charmant spectacle. — L'hôtel de ville est coupé en deux par une rue, et pour réunir les bureaux, un pont en planches a été jeté au second étage. — Les promenades *futures sont* charmantes. — Les arbres des environs (2) ont peu d'ombrage, on y a suppléé par des parasols. — Si c'est là un léger inconvénient, il est bien compensé par les odeurs des aromates provençaux et par la verdure perpétuelle. — L'écrivain finit en parlant des promenades sur mer. On s'embarque en emportant un bon dîner. Le mal de mer fait son effet sur les convives, on revient comme on est parti, l'estomac vide.

AVIS. Il faudra bien saisir la tournure ironique de cette lettre. Tout sera blâmé, et les expressions élogieuses même confirmeront le blâme. On peut se faire une idée du style à découvrir par ces deux lignes qui suivent le repas sur mer, et terminent la lettre.

« On s'en revient à la rosée du soir, leste, content et *surtout bien purgé*. On recommence, si l'on veut, le lendemain; c'est une chaîne d'heureux jours. »

NOTES. (1) Voilà un détail bas et dégoûtant; il faut l'exposer de telle sorte, que vous laissiez entendre le fait sans le dire. (2) L'olivier a des feuilles très petites, cet arbuste conserve pendant une partie de l'hiver, sa verdure d'une teinte peu agréable.

N° 120. — Une Salle d'Asile.

Ne sentez-vous pas le vent qui souffle? Voici l'hiver —... Enfants riches, je veux vous parler des enfants pauvres —...

Vous, si heureux... Vous ne vous doutez pas que, tout près de vous, là haut peut-être, au dernier étage de la maison que vous habitez, une famille indigente... La mère, forcée de travailler au dehors, ne sait que faire de ses enfants pendant le jour —... (1) Et puis, l'enfant ne peut pas rester seul... il a besoin d'une mère —... (2) Seul, l'enfant se perd —... (3)

Mais, comment venir au secours de cette pauvre mère —... La bienfaisence a créé les salles d'asile —...

Dans chaque paroisse, on a choisi une maison bien saine —... C'est un palais pour les enfants des mansardes —... Cette maison est gouvernée, soit par un vieillard qui aime les enfants —... soit par une femme douce qui leur sert de mère —... Le matin, leurs parents vont travailler —... et l'enfant, leur disant adieu pour toute la journée, entre dans son palais —... Là, il trouve des amis —... Pauvre le matin, il est riche à présent —... (4) Pendant ce temps là, le père et la mère tranquilles...

Voilà ce que c'est qu'une salle d'asile. C'est de la chaleur en hiver, c'est de l'ombre en été. Grâce à ces touchantes institutions, l'enfant du pauvre... (5)

Notes. (1) Emploi de la dubitation. Que fera cette mère de ses enfants?... Personne près d'eux! etc. (2) Faiblesse de l'enfance, nécessité de la protéger. (3) Dangers de la solitude, tristesse produite par l'isolement. (4) Plaisirs de l'enfance, jeux, chants, historiettes. (5) Récapitulation de la composition; joie et bien-être des enfants des salles d'asile. — Style naïf, gracieux et fleuri.

N° 121. — Un Cimetière de Campagne.

Voyez cet humble cimetière —... Là, point de luxe —... Quelques pierres seulement —... Souvent le riche fut inutile sur la terre —... Le pauvre cultiva les champs —..... Il défendit son pays —... Chaque tombe renferme la dépouille d'un citoyen utile. Cendre du pauvre! *Salut* et respect! —...

Avis. A la fin de cette courte description, placez quelques réflexions sur la mort, et l'immortalité de l'âme.

N° 122. — La cataracte de Niagara.

La rivière Niagara, sort du lac Erié, et avant de se jeter dans le lac Ontario, forme une cataracte de cent quarante quatre pieds. (1) Le fleuve avance en déclinant rapidement, — c'est une mer quand il se précipite dans le gouffre. — La chute a deux branches, au milieu desquelles est une île, qui, minée par les eaux, surplombe l'abîme. — La branche la plus forte, qui est au midi, arrive comme un long cylindre, et s'étend en nappe en tombant, — l'autre branche, au levant, est dans l'ombre —... (2) Là sont des pins, des noyers sauvages et des rochers de forme fantastique. — Des aigles, tombent dans l'abîme, entraînés qu'ils sont par la force de l'air, — et des carcajoux se pendent aux branches des arbres pour saisir les animaux tués qui surnagent. —

Avis. Ce style est à changer tout entier.

Notes. (1) Vous le couperez ici de manière à former trois petites phrases. (2) Peignez ici les effets de l'eau tombant dans l'abîme ; c'est-à-dire sa transparence quand elle se divise, sa fureur quand elle arrive sur les rocs, etc., etc.

N° 123. — Mort du Messie.

Un instant, les couleurs de la vie ont reparu sur la face du Sauveur, mais bientôt... (1) Chargée du poids du jugement inexorable, sa tête auguste fléchit... (2) des nuages descendent sur le calvaire —... Déjà les anges du trépas planant sous ces nuées, s'avancent d'un vol lent et terrible... (3)

Le Sauveur se plaint —... (4) Ses membres frémissent —... Il dit : — *J'ai soif...* (5) Enfin il dit : — *Tout est consommé*, et meurt —...

NOTES. (1) La pâleur s'étend sur la face du sauveur. (2) Efforts du Christ pour tenir sa tête droite. (3) Portrait concis des anges funèbres ; ils planent au-dessus de l'auguste victime et répandent la terreur en son âme. (4) *Mon Dieu, pourquoi m'avez-vous abandonné ?* (5) Boisson offerte au Messie, derniers efforts de la nature.

N° 124. — La Grande-Chartreuse.

(Forme épistolaire.)

NOTE. La Grande-Chartreuse est à quelques lieues de Grenoble dans les Alpes françaises. Un chemin resserré entre des roches, tantôt nues, tantôt couvertes d'abres ou de buissons conduit au monastère. Ce chemin cotoie pendant deux lieues un torrent, qui se brise contre des débris de rocs, à deux cents pieds au-dessous du voyageur. A droite, à gauche, on rencontre des cascades, des bois touffus, des montagnes élancées, couronnées d'ifs. Enfin, on arrive à la solitude, où saint Bruno vint s'établir il y a plus de 700 ans. Là est encore sa fontaine, sa chapelle, la pierre où il s'agenouillait.

—

Peignez, en écrivant à quelqu'un, ce chemin et ce désert ; visitez la maison, assistez à la messe des religieux, causez avec eux, parlez de leur honnêteté, de leur contentement, de la douce gravité des plus jeunes, de l'aimable ingénuité des vieillards, des adieux que vous leur avez faits avec regret. Terminez en assurant votre correspondant que l'âme est en paix dans cette solitude et ramenée involontairement à Dieu.

Avis. Style épistolaire, c'est-à-dire, naturel et sans prétention.

N° 125. — La Prière.

Après la mort d'Hector, Priam désarmé se

présenta le soir à Achille, pour lui demander le cadavre de son fils. — Et , lui ayant baisé la main , il lui dit : « Juge de la grandeur de mon malheur , puisque je baise la main qui a tué mon fils. » Achille se laissa toucher. — Quelle force avait obtenu ce triomphe ? —... La prière. Si le droit du plus fort n'avait pas la prière contre lui , c'en serait fait de la faiblesse. — Dieu devait une arme au malheur — Il lui a donné la prière. La prière est la reine du monde... (1) Si l'insecte que nous allons écraser faisait entendre une prière , nous serions émus. — Or, Dieu est ce qu'il y a de plus haut — il ne peut résister à la prière —... C'est pourquoi Jésus-Christ a dit : *Demandez et il vous sera donné.*

Avis. Style élevé. Revoyez l'article de la magnificence.

Note. (1) Personnification de la prière : pauvres habits, front baissé , mains jointes , allant du faible au fort , elle exerce partout un empire souverain.

N° 126. — La Lune.

La lune jette une clarté douce sur tous les objets —... (1) Quand tout dort, elle s'éveille, et pourtant l'homme n'utilise pas sa lumière —... (2) Il se renferme et s'éclaire de flambeaux. — Seul, un pêcheur attardé, prie l'astre de la nuit de blanchir le toit de sa chaumière —...

La lune est l'amie du sage —... Elle aide à la pensée et à la méditation —... (3) Elle lui entre l'homme et Dieu —...

NOTES. (1) Petite énumération des divers effets de la lune sur les montagnes, sur les prairies, sur les eaux. (2) Réflexions sur l'indifférence de l'homme pour les clartés célestes que Dieu lui montre pendant la nuit. (3) Peinture du bonheur qu'on éprouve à rêver le soir, en contemplant la lune, et à s'élancer en esprit par de là ces globes lumineux, dans les sphères où est assis le trône de l'Éternel.

Nº 127. — Un Presbytère de Campagne.

Le presbytère de campagne est précédé d'une cour, entourée d'une haie. — On y voit des poules, des pigeons, des chèvres et un chien —... (1) des moineaux, des hirondelles... (2) Tous ces animaux s'amusent suivant leurs goûts —... (3) Des abeilles dans un coin —... Un vieux puits encadré de lierre et de feuilles de vigne —... Sept marches d'escalier conduisent au palier abrité par un avanttoit ; là, chantent de petits oiseaux, enfermés dans leurs cages —... On entre dans la cuisine, où Marthe, vieille domestique, est reine et maîtresse —... (4) Salle à manger —... (5) Chambre à coucher —... (6)

NOTES. (1) Bienveillance du chien du curé pour les étrangers; il affectionne surtout le pauvre. En le comparant aux chiens inhospitaliers vous ferez un contraste. (2) L'hirondelle se plaît, vous le savez, dans la demeure du sage. (3) Occupations des animaux : La chèvre broute, les poules grattent la terre, les moineaux viennent becqueter les miettes de pain, les hirondelles cherchent les insectes autour de l'auge du puits; etc. (4) Caractère de Marthe, douce, bonne, pieuse, fidèle à son vieux maître. Propreté de la cuisine, etc. (5) Dans la salle à manger, pain sur la table, toujours prêt pour les pauvres, grappes de raisin au plancher, etc. (6) Meubles de la chambre à coucher, chaise, table, âtre, bâton, chapeau, livres, fleurs artificielles pour les fêtes, etc. Terminez par le crucifix de bois, dont vous ferez un portrait attendrissant, en disant à la fin que c'est un crucifix de famille, celui qui fut baisé par les lèvres d'une mère mourante.

N° 128. — La Verdure.

A cette seule parole : *Que la terre produise de l'herbe verte*, une surface sèche et stérile devient tout d'un coup un paysage diversifié de prairies... (1) Pourquoi le créateur a-t-il choisi la couleur verte, de préférence au blanc, au rouge, ou à des couleurs plus sombres? —... (2) La verdure délasse l'œil —...

Mais admirons la diversité de teinte de la verdure —... (3) Cette variété se modifie à mesure que les plantes croissent —... C'est pourquoi la verdure ne déplaît jamais —...

NOTES. (1) Accumulation. Vallons, collines, montagnes avec

leurs accessoires. (2) Le blanc est trop éclatant, le rouge trop vif, les couleurs sombres trop tristes, etc. (3) La verdure n'est jamais la même : ici, le vert tendre domine, là le vert foncé, plus loin le vert clair; comparez deux plantes, la différence de leur verdure vous frappera, etc.

N° 129. — Le Voyageur égaré dans les Neiges du Saint-Bernard.

NOTE. — Le grand St-Bernard est une montagne qui sépare la Suisse de l'Italie. Elle est traversée par une route, presque toujours obstruée par les neiges. A son sommet est un hospice pour recueillir le voyageur fatigué. Des religieux desservent cet utile établissement; à toute heure du jour ou de la nuit, ils sont prêts à porter du secours aux malheureux que la nuit ou la tourmente surprennent en route. Ils sont accompagnés de chiens de forte taille, portant à leur cou une sonnette et quelques provisions. Ces animaux intelligents flairent la place où le voyageur est enseveli sous les neiges de l'avalanche, lui découvrent la figure, le rechauffent de leur haleine, et appellent leurs maîtres par des aboiements plaintifs. On les a vus charger de jeunes enfants sur leur dos et les transporter seuls jusqu'à l'hospice.

La neige tombe —... Plus de route —... La nuit vient —... Le voyageur ne peut plus avancer —... Vaincu par le froid, il attend la mort —... Il pense à sa famille —... Il prie —... C'en est fait —... Soudain une clochette se fait entendre —... Une clarté brille —... Un chien jappe —... s'approche suivi d'un religieux —... Le voyageur est sauvé —...

N° 130. — La Maison aux Nids d'Hirondelles.

Heureuse et mille fois heureuse la maison aux nids d'hirondelles ! elle peut compter sur la tranquillité —... Ce n'est pas que l'hirondelle ait un don de prophétie, et présage le bonheur, mais elle choisit le toit qui lui paraît le plus sûr pour élever sa famille —... Elle ne se logera point sous un abri de paille —... Elle craint le changement —... A la campagne, elle se fixera à un édifice abandonné —... Au village, elle bâtira son nid aux fenêtres de l'église —... A la ville, elle prendra pour asile un monument —... Si elle choisit au contraire une maison habitée, ce sera celle où la paix règne —... dont les habitants ont la figure douce —... où il n'y a ni querelles, ni fracas domestiques —... où les enfants sont bons et sages —... Où le vieillard et la jeune fille aiment et caressent les animaux — ... Là, riche et proscrit, j'irais me cacher avec confiance —...

Avis. Cette composition vous donnera l'occasion de décrire la tranquillité et le bonheur des maisons que choisit l'hirondelle, pour bâtir son nid. Vous vous attacherez à cette idée, bien plus qu'aux instincts prophétiques de l'hirondelle.

N° 131. — Une Eclipse de Soleil.

L'astre du jour s'obscurcit tout-à-coup au milieu d'un ciel sans nuages... (1) Un froid humide a saisi l'atmosphère... (2) Les animaux sont épouvantés —... (3) Les oiseaux suspendent leur vol —... Les végétaux eux-mêmes...(4) Que devient l'homme? — L'ignorant se trouble —... (5) tandis que l'homme, initié aux mystères de la nature, admire et contemple les œuvres de Dieu —...

Avis. Cette composition suppose que l'éclipse de soleil est totale et soudaine, comme cela arrive quelquefois dans le Nouveau-Monde.

Notes. (1) Nuit profonde. (2) Plus de chaleur, c'est ce qui arrête les animaux. (3) Ce qu'ils font dans les bois, dans les vallons. (4) Les végétaux languissent. (5) L'ignorant tire de l'éclipse une prophétie sinistre; il y voit une menace de Dieu.

Les Quatre Saisons (forme allégorique).

N° 132. — Le Printemps.

L'aimable déesse du printemps a rompu ses chaînes... Elle descend... Une vapeur légère... la décèle. — Sa beauté efface celle de la rose —... Un des replis de son voile sert d'asile à un nid de fauvettes... Elle chante. — mille fleurs couronnent sa tête —... (1) Abeilles et papillons sucent leurs calices. — La jeune déesse est joyeuse —... Elle sourit. — Tout est heureux —...

Note. (1) Nommez quelques-unes des plus belles fleurs.

Avis. Style brillant et poétique, ainsi que dans les trois compositions qui vont suivre.

N° 133. — L'Eté.

Le fils brillant du soleil... vient régner à son tour... Ses cheveux sont des flammes. — Sa poitrine lance du feu. — D'une main il retient le *Sirius*... (1) De l'autre il tient une urne —... (2) Sous ses pieds est l'écharpe d'*Iris* —... (3) On voit jouer dans les plis du bas de son manteau — le lézard... la cigale...

la fourmi... (4) tandis qu'à l'autre extrémité, près de la tête du Dieu, un serpent redoutable déroule ses orbes étincelants... Il secoue ses vêtements, et en laisse échapper les moissons —...

NOTES. (1) Le *Sirius* est l'étoile la plus brillante du ciel ; on redoute son influence comme malfaisante, à cause de la trop grande chaleur qu'elle répand. (2) Dans cette urne sont deux principes, le chaud et l'humide, qui forment les orages. (3) L'*Iris* est l'arc-en-ciel qui se forme assez souvent à la suite des orages. (4) Détaillez les occupations de la fourmi, de la cigale et du lézard.

Nº 134. — L'Automne.

L'automne est personnifié sous les traits d'une déité, il vient accomplir les promesses du printemps. La déesse sourit —... Sa main droite secoue sa chevelure, d'où tombent mille fruits. — Sa main gauche presse sa mamelle, d'où jaillit une liqueur rouge —... Son vêtement est d'un vert un peu flétri —... Son écharpe est d'un vert plus frais —... (1) Ses pieds sont entourés de brouillards et foulent des raisins —... Des plis de sa robe s'échappent un lièvre et une perdrix —...

NOTE. (1) Ce vert tendre est le produit de la seconde sève qui se développe dans les végétaux vers la fin de l'été.

Nº 135. — L'Hiver.

L'hiver paraît le dernier... Il foule aux pieds un flambeau qu'il tâche, mais en vain, d'éteindre. — Une urne de bronze est sous le bras du vieillard, et laisse échapper la neige —... Un manteau de couleur... couvre à peine ses robustes épaules —... Ses membres sont nerveux —... Ses cheveux... sont hérissés. — Les brouillards... voltigent autour de sa tête — son front est ceint d'une couronne de branches mortes —... Mais pour preuve de son obéissance aux lois de la nature, il a joint à cette couronne quelques tiges de ces arbustes qui sont toujours verts —... (1)

NOTE. (1) Le houx, le gui, le sapin, le buis, etc.

DÉCOMPOSITIONS.

☞ LE MODÈLE, tome 1ᵉʳ, page 258.

Nº 136. — Le Combat du Taureau.

Le signal se donne, la barrière s'ouvre, le taureau s'élance au milieu du cirque, mais au bruit de mille fanfares, aux cris, à la vue des spectateurs il s'arrête inquiet et troublé; ses, naseaux fument, ses regards brûlants errent sur les amphithéâtres ; il semble également en proie à la surprise et à la fureur. Tout-à-coup il se précipite sur un cavalier, qui le blesse et fuit rapidement à l'autre bout. Le taureau s'irrite, le poursuit de près, frappe à coups redoublés la terre et fond sur le voile éclatant que lui présente un combattant à pied. L'adroit espagnol, dans le même instant évite à la fois sa rencontre, suspend à ses cornes le voile léger, et lui darde une flèche aiguë qui de nouveau fait couler son sang. Percé bientôt de toutes les lances, blessé de ces traits pénétrants dont le fer courbé reste dans la plaie, l'animal bondit dans l'arène, pousse d'horribles mugissements, s'agite en parcourant le cirque, secoue les flèches nombreuses enfoncées dans son large cou, fait voler ensemble les cailloux broyés, les lambeaux de pourpre sanglants, les flots d'écume rougie, et tombe enfin épuisé d'efforts, de colère et de douleur.

FLORIAN.

Avis. Dites-nous si cette composition est animée, et si c'est une description ou un tableau. Pourquoi y remarque-t-on peu de tropes ? et quelle raison l'auteur a-t-il eu de prendre des expressions propres, tandis que les expressions figurées se présentaient en foule ? De l'emploi de quelle figure ce morceau tire-t-il sa vivacité ? Voyez s'il y a gradation dans cette vivacité, c'est-à-dire si le commencement est moins rapide que le milieu, et si la fin est pressée autant qu'elle peut l'être. Vous remarquerez une accumulation aux trois dernières lignes, détruisez-la, prenez chaque mot et construisez une proposition distincte, ayant sujet, verbe et attribut, et voyez quel serait l'effet d'un style ainsi construit.

N° 157. — Une Bataille.

Mais sur le front des camps déjà les bronzes grondent,
Ces tonnerres lointains se croisent, se répondent;
Des tubes enflammés la foudre avec effort
Sort et frappe en sifflant comme un souffle de mort.
Le boulet dans les rangs laisse une large trace.
Ainsi qu'un laboureur qui passe et qui repasse,
Et sans se reposer déchirant le vallon,
A côté d'un sillon creuse un autre sillon.
Ainsi le trait fatal dans les rangs se promène,
Et comme des épis les couche dans la plaine.
Ici tombe un héros moissonné dans sa fleur.
Superbe et l'œil brillant d'orgueil et de valeur;
Sur son casque ondulant, d'où jaillit la lumière,
Flotte d'un coursier noir l'ondoyante crinière :
Ce casque éblouissant sert de but au trépas;
Par la foudre frappé d'un coup qu'il ne sent pas,
Comme un faisceau d'acier il tombe sur l'arène;
Son coursier bondissant qui sent flotter la rène,
Lance un regard oblique à son maître expirant,
Revient, penche sa tête et le flaire en pleurant.
Là, tombe un vieux guerrier qui, né dans les alarmes,
Eut les champs pour patrie, et pour amours ses armes.
Il ne regrette rien que ses chers étendards,
Et les suit en mourant de ses derniers regards....
La mort vole au hasard dans l'horrible carrière;

L'un périt tout entier, l'autre sur la poussière,
Comme un tronc dont la hache a coupé les rameaux,
De ses membres épars voit voler les lambeaux.
Et se traînant encor sur la terre humectée,
Marque en ruisseaux de sang la terre ensanglantée.
Le blessé que la mort n'a frappé qu'à demi,
Fuit en vain emporté dans les bras d'un ami;
Sur le sein l'un de l'autre ils sont frappés ensemble,
Et bénissent du moins le coup qui les rassemble:
Mais de la foudre en vain les lugubres éclats
Pleuvent sur les deux camps; d'intrépides soldats,
Comme la mer qu'entrouvre une proue écumante,
Se referme soudain sur sa trace fumante,
Sur les rangs écrasés forment de nouveaux rangs,
Viennent braver la mort sur les corps des mourants.

Cependant, las d'attendre un trépas sans vengeance,
Les deux camps animés d'une même vaillance
Se heurtent, et du choc ouvrant leurs bataillons,
Mêlent en tournoyant leurs sanglants tourbillons.
Sous le poids des coursiers les escadrons s'entr'ouvrent,
D'une voûte d'airain les rangs pressés se couvrent,
Les feux croisent les feux, le fer frappe le fer,
Les rangs entrechoqués lancent un seul éclair,
Le salpêtre au milieu des torrents de fumée,
Brille et court en grondant sur la ligne enflammée,
Et d'un nuage épais enveloppant leur sort,
Cache encor à nos yeux la victoire ou la mort.
Ainsi quand deux torrents dans deux gorges profondes,
De deux monts opposés précipitent leurs ondes
Dans le lit trop étroit qu'ils vont se disputer
Viennent au même instant tomber et se heurter;
Le flot choque le flot, les vagues couroucées
Rejaillissent au loin par les vagues poussées,

D'une poussière humide obscurcissant les airs,
Du fracas de leur chute ébranlent les déserts,
Et portent leur fureur au lit qui les rasemble,
Tout en s'y combattant leurs flots roulent ensemble.
Mais la foudre se tait ; écoutez... Des concerts
De cette plaine en deuil s'élèvent dans les airs,
La harpe, le clairon, la joyeuse cymbale
Mêlent leur voix d'airain, montent par intervalle ;
S'éloignent par degrés et sur l'aile des vents
Nous jettent leurs accords et les cris des mourants...
De leurs brillants éclats les coteaux retentissent,
Le cœur glacé s'arrête et tous les sens frémissent.
Et dans les airs pesants que le son vient froisser,
On dirait qu'on entend l'âme des morts passer !
Tout-à-coup le soleil dissipant le nuage,
Eclaire avec horreur la scène du carnage,
Et son pâle rayon sur la terre glissant,
Découvre à nos regards de longs ruisseaux de sang,
Des coursiers et des chars brisés dans la carrière,
Des membres mutilés épars dans la poussière,
Les débris confondus des armes et des corps,
Et des drapeaux jetés sur des monceaux de morts.

LAMARTINE.

Avis. Voici un morceau où vous aurez l'embarras du choix :
Il est riche en figures de tout genre ; mais il faudra vous borner
à faire remarquer les plus saillantes. D'abord s'agit-il d'un tableau ou d'une description ? Choisissez quelques métaphores et
expliquez leurs rapports de comparaison. Ne trouvez-vous pas
dans les mots *voix d'airain* une certaine hardiesse ? Indiquez
les trois plus belles antithèses de mots... Que voyez-vous dans
les expressions : *Plaine en deuil*, le soleil *éclaire avec horreur.*
Dites-nous un mot de la comparaison du *laboureur*, et faites
voir la beauté de celle des *deux torrents.* Faites vos observa-
tions sur les épithètes *sanglants bataillons, ligne enflammée,*

poussière humide. Prenez garde à cette dernière; c'est plus qu'une épithète. Reconnaîtriez-vous dans ce morceau un auteur romantique, et à quelles expressions ? Emparez-vous de la plus belle et mettez-la en style classique. Montrez-nous deux petits tableaux touchants qui se trouvent dans le morceau. Vous finirez ici la part de l'éloge.

Passez à la critique, et indiquez les défauts des passages suivants;

> Déchirant le vallon
> A côté du sillon trace un autre sillon.

—

> Ainsi le trait fatal dans les rangs se promène.

—

> Superbe et l'œil brillant d'orgueil et de valeur,
> Sur son casque ondulant, d'où jaillit la lumière,
> Flotte d'un coursier noir l'ondoyante crinière;
> Ce casque éblouissant...

—

> L'un périt tout entier...

—

> Mais de la foudre en vain les lugubres éclats
> Pleuvent sur les deux camps.

—

> La harpe, le clairon, la joyeuse cymbale
> Nous jettent leurs accords et les cris des mourants.

Terminez par de courtes réflexions qui seront le résumé de votre analyse.

N° 138. — Le Meschacébé.

Ce fleuve, dans un cours de plus de mille lieues, arrose une délicieuse contrée que les

7.

habitants des Etats-Unis appellent le nouvel Eden, et à qui les Français ont laissé le doux nom de Louisiane. Mille autres fleuves, tributaires du Meschacébé, l'engraissent de leur limon et le fertilisent de leurs eaux. Quand tous ces fleuves se sont gonflés des déluges de l'hiver, quand les tempêtes ont abattu des pans entiers de forêts, le temps assemble sur toutes les sources les arbres déracinés : il les unit avec des lianes, il les cimente avec des vases, il y plante de jeunes arbrisseaux et lance son ouvrage sur les ondes. Charriés par les vagues écumantes, ces radeaux descendent de toute part au Meschacébé. Le vieux fleuve s'en empare et les pousse à son embouchure pour y former une nouvelle branche. Par intervalles, il élève sa grande voix en passant sous les monts ; il répand ses eaux débordées autour des colonnades des forêts et des pyramides des tombeaux indiens : c'est le Nil des déserts. Mais la grâce est toujours unie à la magnificence dans les scènes de la nature, et tandis que le courant du milieu entraîne vers la mer les cadavres des pins et des chênes, on voit, sur les deux courants latéraux remonter le long des rivages des îles flottantes de Pistia et de Nénuphar, dont les roses jaunes s'élèvent comme de petits pavillons. Des serpents verts, des hérons bleus, des flammants roses, de jeunes crocodiles s'embarquent passagers sur ces vaisseaux de fleurs ; et la colonie, déployant au vent ses ailes d'or, va aborder endormie dans quelque anse retirée du fleuve. »

CHATEAUBRIAND.

AVIS. Dites en commençant si ce morceau vous paraît une description et pourquoi. Ne contient-elle pas deux petits tableaux ? faites remarquer avec quel art l'auteur, dans le tableau des îles flottantes, observe le précepte de *copier la nature en ce qa'elle a de beau*. Indiquez les métaphores ; trois sont fort belles, deux sont vicieuses. Prenez le style aux mots : *Charriés par les vagues écumantes*, et précisez les endroits où se trouvent une hyperbate, une image, un effet de concision, la suppression d'une transition, un contraste, une autonomase, une pensée vive servant de transition, une accumulation et enfin, un trait d'harmonie descriptive. Pour trouver tout cela, il vous suffira de suivre le style phrase par phrase ; justifiez toutes vos remarques par de courtes réflexions.

N° 139. — L'Ivresse du Pauvre.

Avez-vous quelquefois rencontré vers le soir
Un brave campagnard regagnant son manoir,
Après avoir à table employé sa journée ?
Sa tête est vacillante et sa jambe avinée.
Il trébuche parfois et souvent sans danger,
Car un dieu l'accompagne et le doit protéger.
Il s'avance incertain du chemin qu'il doit suivre,
Guidé par la liqueur qui l'échauffe et l'enivre ;
La joie est dans ses yeux, son cœur est délivré
Des ennuis dont la veille il était ulcéré ;

Après mille détours il retrouve son chaume,
Il se croit devenu souverain d'un royaume,
Ou plutôt, l'univers réclamant son appui
Dépend de son domaine et relève de lui.
Il lègue à ses enfants des trônes, des provinces,
Sa femme est une reine, et ses fils sont des princes.
Il triomphe au milieu de cet enchantement,
Demande encore à boire et s'endort en chantant.

BERCHOUX.

AVIS. Faites une courte dissertation sur la description et le tableau. Vous vous souvenez que cette seconde composition n'est autre chose que la perfection de la première, et qu'il y a *tableau* sous deux conditions principales : 1º C'est que le lecteur puisse embrasser tous les détails d'un seul coup d'œil. 2º C'est que l'objet décrit se présente aux yeux comme sur une scène ou sur une toile. Examinez si l'*ivresse du pauvre* contient une série de petits tableaux qu'un peintre pourrait tracer sur une toile, et si l'auteur, en les unissant a fait un tableau divertissant. Voyez si dans la peinture de la *nature laide*, le poète a su prendre le pittoresque, et éviter les détails hideux. Expliquez-nous les mots : *Quelquefois, brave campagnard, vers le soir, regagnant son manoir, sa tête est vacillante, sa jambe avinée, il trébuche parfois, car un Dieu l'accompagne, guidé par la liqueur, la joie est dans ses yeux, après mille détours.* Voyez si jusqu'au dernier mot vous avez été interressé et récréé.

NARRATIONS.

AVIS. Dans les canevas qui vont suivre, l'élève aura un peu plus à travailler. Par le travail qu'il a déjà fait, il aura bientôt remarqué que la narration est un composé des divers genres qu'il a étudiés. Il retrouvera des *définitions, des portraits, des dialogues*, *des allégories*, *des descriptions*. Je les indiquerai, lorsque le cas se présentera, et c'est à cela que se borneront désormais les notes dont j'ai jusqu'ici fait suivre les canevas.

Quant à la disposition narrative, je séparerai toujours le canevas en trois parties, non que l'élève, dans son travail, doive faire trois alinéas, mais pour lui apprendre à bien distinguer *l'exposition*, *le nœud et le dénouement*.

NARRATIONS HISTORIQUES.

☞ PRÉCEPTES DU GENRE, tome 1er, page 261.

COMPOSITIONS.

NOTA. Les canevas des narrations historiques devant exposer à peu près complètement les faits, le travail de l'élève jusqu'au n° 147 inclusivement, ne consistera qu'à changer le style.

N° 140. — Bataille de Naseby.

Exposition. C'était le 15 janvier 1647 — sur le plateau de Naseby, au nord-ouest de Northampton. Charles 1er avait rangé son armée dans une forte position, — Ses éclaireurs ne découvrirent point l'ennemi. — Le prince Robert, pendant que l'armée attendait, s'avança avec quelques escadrons, et rencontra l'avant-garde ennemie, — il le fit dire au roi, qui fit ébranler son armée — et Robert, avec la cavalerie de l'aile droite se rua sur l'aile gauche de l'ennemi, commandée par Ireton. —

Nœud. Cromwel, à la tête de son aîle droite, attaqua l'aile gauche du roi. — Les deux infanteries, qui formaient le centre, en vinrent aux mains. (l'infanterie de Cromwel était commandée par Fairfax et Skippon, et l'infanterie royale par Charles 1er en personne (1) L'armée royale avait pour cri de ralliement : *La reine Marie*, et l'armée des parlementaires : *Dieu est avec nous*. — Le prince Robert, à l'aile droite, battit Ireton, qui fut blessé, et s'en alla follement, dans l'espoir du butin, attaquer le camp qui était trop bien défendu. — Mais l'aile droite fut dispersée par Cromwel, qui se hâta de revenir au centre où les deux infanteries se battaient avec acharnement. — Les parlementaires avaient plié d'abord, Skippon était blessé ; pressé par Fairfax de se retirer, il avait refusé.. (2) — Le casque de Fairfax ayant été abattu d'un coup de sabre, Charles Doyley, capitaine de ses gardes, lui offrit le sien. — (3)

Les deux officiers, se montrant un corps d'infanterie royale qui avait résisté à toutes les attaques, conviennent de les prendre, l'un en tête et l'autre en queue, et de se rejoindre au milieu (4) et ce mouvement est exécuté. — Fairfax tue de sa main un porte étendard et remet le drapeau à un de ses gens, qui se vante de cet exploit, comme s'il était le sien; Doyley se fâche, mais Fairfax lui dit de le laisser faire (5) — Les royalistes plient, et voilà Cromvel qui vient pour les achever; — à cette vue, Charles 1er se met en tête du régiment des gardes, qui était la seule réserve. — Il s'élançait sur l'ennemi, quand un officier saisit la bride du cheval du roi, en lui disant qu'il va se faire tuer. (6) — Il en résulte un mouvement de conversion qu'imite tout le régiment, qui bientôt tourne le dos à l'ennemi. (7) — Charles, crie en vain d'arrêter. — (8) La débandade se ralentit à sa vue du prince Robert, qui revenait du camp ennemi. —

Dénouement. Un corps se reforme, mais tous les cavaliers sont fatigués. Deux fois Charles désespéré se lance en avant en disant qu'on regagnera la journée par une charge. (9) Personne ne bouge, l'infanterie étant en déroute. — Fuite générale. Le roi se porte vers Leïcester, abandonnant à l'ennemi tout son camp (10) jusqu'aux papiers de son cabinet. —

NOTES. (1) Vous placerez ce détail dans la phrase précédente commençant à : *Les deux infanteries.* (2) Le refus de Skippon est exprimé par quelques mots qu'il prononce. (3) Fairfax refuse également, en peu de mots, le casque offert par Doyley. (4) Court dialogue entre Doyley et Fairfax. (5) Paroles de Fairfax qui dit *qu'il a assez d'honneur.* (6) Paroles de l'officier, (cet officier était le comte de Carnewart.) (7) Petit tableau d'une panique générale. (8) Paroles de Charles. (9) Faites encore parler Charles. (10) Accumulation : artillerie, munitions, bagages, cent drapeaux, l'étendard royal, et cinq mille prisonniers.

AVIS. Changez le style à peu près partout. Point de figures ni de tournures étudiées ; soyez grave.

N° 141. — Assassinat de Thomas Becket, archevêque de Cantorbéry.

Exposition. Il était presque nuit, et l'archevêque pouvait fuir. — Il repoussa les exhortations de ses clercs, et ne sortit que pour aller à vêpres. — On voulut précipiter sa marche vers l'église, mais il s'avançait tranquillement, et marchait le dernier. — Il entra dans l'église dont on voulut fermer les portes; mais il les rouvrit lui-même, en ordonnant de les laisser ouvertes. (1)

Nœud. Les quatre meurtriers entrent et crient : *Où est le traître ?* pas de réponse. —

Où est l'archevêque? reprennent-ils. Thomas se présente disant qu'il est l'archevêque et non le traître, et, demandant quel est leur dessein. (1) — Ils répondent : *Que tu meures.*

A ce moment ses clercs se réfugièrent au pied des autels ; il n'en resta que trois auprès de lui, éntre lesquels Edouard Grimm, le porte-croix ; un des meurtriers s'avança et mit la main sur l'archevêqne : *suivez-nous,* dit-il, *vous êtes pris.* (2) Thomas se débarrasse des mains du soldat, en disant qu'ils exécuteraient sur place leurs desseins ou leurs ordres (1); puis, s'adressant à Réginald qui s'avançait l'épée à la main, il lui reproche son ingratitude, car il l'avait comblé de bienfaits, puis somme les assassins de ne toucher à aucun des siens, mais de prendre sa tête, souhaitant que sa mort soit utile à la paix et à la liberté de l'église. (1) On lui dit d'absoudre les évêques excommuniés, il répond qu'il ne le fera point jusqu'à ce qu'ils aient satisfait aux saints canons. (1) Puis, tombant à genoux, il recommande son âme et la cause de l'église à Dieu, à la Ste-Vierge, aux saints patrons du lieu et à saint Denis. (1)

Dénouement. Alors on lui donna trois coups d'épée. Le premier blessa au bras le porte-croix qui avait voulu défendre le prélat et le prélat lui-même fut blessé à la tête ; le second le renversa par terre ; le troisième lui ouvrit le crâne. — Un des meurtriers éparpilla avec son glaive, sur le pavé, la cervelle du martyr. — Ils sortirent ensuite en vociférant pour aller piller le monastère. — Thomas avait cinquante-trois ans. —

Notes. (1) A tous ces numéros le saint parlera. (2) Ne touchez pas à ce commencement d'alinéa. — Changez le style partout ailleurs.

N° 142. — Levée du Siége d'Orléans.

Exposition. Dunois fit sonner la retraite et les troupes abandonnèrent le pied du boulevard. Jeanne d'Arc, souffrante d'une blessure, en fut affligée et dit aux commandants : — qu'ils seraient bientôt maîtres de la Bastille, où ils entreraient, qu'ils reprendraient leurs armes, quand ils verraient son étendard, et les engagea à se reposer, et à prendre de la nourriture. — (1) Elle monta sur son cheval, alla prier dans une vigne et revint bientôt. —

Nœud. Près du boulevard, elle s'avance, son étendard à la main. — Rage des Anglais, courage des Français, secondés par les habitants d'Orléans qui tirent sur la bastille. — Combat. Jeanne d'Arc s'écrie : *Tout est vôtre, entrez.*

Prise du boulevard, fuite des Anglais, chute du pont-levis que les Français réparent pour entrer dans le fort, rentrée des troupes victorieuses à Orléans, au bruit des cloches, triomphe de Jeanne.

Dénouement. Le lendemain, les Anglais délibèrent s'ils lèveront le siège ; ils se rangent en bataille pour faire leur mouvement de retraite. — Les Français veulent les poursuivre ; — mais Jeanne leur dit : *Laissez aller les Anglais et ne les tuez pas ; il me suffit de leur départ.*

NOTE. (1) Petite allocution de l'héroïne. — Changez le style.

N° 143. — Charles XII à Bender.

Exposition. Charles XII, entouré d'une soixantaine d'officiers et de soldats suédois, s'est réfugié dans une maison. Là, il va se défendre contre l'armée entière des Turcs. —

Nœud. On barricade les fenêtres, une chambre pleine de mousquets et de poudre, fournit des munitions ; on tire par les croisées, et

en quelques minutes deux cents Turcs sont
tués. —

L'ennemi ripostait à coups de canon qui faisaient des trous dans les murailles et ne les
abattaient point. — Le Kan des Tartares et le
Bacha, font mettre le feu au toit de la maison,
au moyen de flèches entourées de matières allumées, pour obliger le roi à sortir et le prendre en vie. — Celui-ci tâche d'éteindre le feu et
jette au milieu des flammes un baril qui se
trouve plein d'eau-de-vie, — fureur de l'incendie, tourbillons de feu et de fumée. — Les
Suédois réfugiés dans une grande salle n'en
sortent point. Un soldat crie qu'il faut se rendre ; réponse héroïque de Charles XII, disant
qu'il est plus beau d'être brûlé. (1) — Un autre dit qu'à cinquante pas est la maison de la
chancellerie avec un toit de pierres, qu'il faut
s'y réfugier. Le roi applaudit, embrasse ce soldat et le fait colonel. — (2)

Les Turcs sont extasiés de tant de courage,
surtout quand ils voient les Suédois sortir,
tirer chacun deux coups de feu sur eux, et
mettre l'épée à la main. — Ils reculent d'a-
bord, puis entourent la troupe. — Le roi
s'embarrasse dans ses éperons et tombe.

Dénouement. Vingt-un janissaires se précipitent sur lui, il jette son épée en l'air et est emporté au quartier du Bacha comme un malade. —

NOTE. (1) Réponse de Charles XII. (2) Courte harangue du roi à sa petite troupe. — Changez le style.

N° 144. — Bataille de Mantinée, Mort d'Epaminondas.

Exposition. Les deux armées furent bientôt en présence près de la ville de Mantinée. Les Lacédémoniens avaient vingt mille fantassins et deux mille cavaliers, Epaminondas avait sous ses ordres trente mille Thébains à pied, et trois mille à cheval. Il suivit le même ordre de bataille qu'à Leuctres ; où il avait été victorieux. —

Nœud. Une aile des Thébains attaque la phalange lacédémonienne qui n'est enfoncée que lorsqu'Epaminondas accourt avec des soldats d'élite. — Le général poursuit les ennemis, mais il se trouve enveloppé, les Spartiates l'accablent de traits ; longtemps il les écarte, enfin il tombe percé d'un javelot. — On se dispute son corps qui reste à ses soldats. — A l'autre aile la victoire resta incertaine. —

La blessure d'Epaminondas arrêta le combat —... Il vivait encore, au milieu du camp désespéré —... car, on savait qu'il mourrait au moment où le fer serait arraché de sa blessure. — Il croyait avoir perdu son bouclier ; quand il le revit, il le baisa, — apprenant que les Thébains étaient victorieux, — *Voilà qui est bien*, répondit-il, *j'ai assez vécu*

Dénouement. Il commande alors qu'on arrache le javelot. — Un de ses amis s'écrie : — *Vous mourez, Epaminondas, si du moins vous laissiez des enfants.* — Le général répond qu'il en laisse deux célèbres, les combats glorieux de Leuctres et de Mantinée. Ce furent ces dernières paroles. —

N° 145. — Combat des Thermopyles.

Exposition. L'armée grecque forte de huit mille hommes, occupait le défilé des Thermopyles, pour empêcher le passage de l'armée innombrable des Perses, commandée par Xercès, qui voulait envahir et conquérir la Grèce. Léonidas, roi de Sparte, qui commandait la Grèce, apprend que Xercès a découvert un défilé étroit et moins bien gardé que les autres, et qu'il se dispose à y pénétrer. A cette terrible nouvelle, les chefs grecs tiennent conseil, et décident qu'un petit nombre d'hommes se sacrifiera pour le salut de tous.

Nœud. Le gros de l'armée bat en retraite; Léonidas reste avec trois cents Spartiates et environ six cents Thébains et Thespiens. Au lieu de rester au poste qu'il occupait, il prend une résolution héroïque, et après avoir encouragé ses compagnons d'armes, il tombe sur les Perses au milieu de la nuit, marche droit à la tente de Xercès, y pénètre; mais Xercès avait déjà pris la fuite. Les Grecs se jettent sur les autres tentes; à la faveur des ténèbres, ils massacrent leurs ennemis alarmés et surpris, qui, ne pouvant se reconnaître, se tuent les uns les autres. Déjà Léonidas avait détruit les troupes d'Hydarnès, général perse, lorsque le soleil, en paraissant sur l'horizon, éclaira cette épouvantable scène et fit voir en même temps le petit nombre des vainqueurs. Les Perses se rallient, accablent de flèches les Grecs, Léonidas tombe; après un combat terrible, ceux-ci, emportant le corps de leur général, se retirent sur une petite colline, près d'Anthéla.

Dénouement. Mais là ils sont entourés par

l'ennemi, qui furieux d'une perte de **20,000** hommes, les massacre tous. Un seul guerrier s'échappa pour porter la nouvelle à Sparte, mais il fut lapidé en punition de sa fuite.

AVIS. Quoique ce canevas se prête à merveille aux descriptions, retenez votre imagination. N'oubliez pas que vous êtes historien, et que votre style soit serré et concis.

N° 146. — Prise de Jérusalem par Saladin.

Exposition. Les Croisés avaient été battus à la bataille de Tibériade, Gui de Lusignan, roi de Jérusalem, fait prisonnier, et des enfants avec quelques soldats fugitifs, étaient les seuls défenseurs de la ville. Saladin vainqueur parut sous les murs et fit sommer les habitants de lui ouvrir les portes. Ils refusèrent. Le sultan jura sur l'alcoran qu'il ne s'emparerait de la ville que par la force.

Nœud. Le siége commença; ses habitants combattaient et priaient. Bientôt ils se virent réduits à implorer la clémence du vainqueur. Saladin ne voulait pas violer son serment. Un jour qu'on le suppliait d'accorder une capitulation à la ville, il montra ses étendards qui flottaient déjà sur les remparts, et refusa d'accorder des conditions à une ville prise d'assaut.

Mais ce jour-là même ses troupes furent repoussées, et il craignit le désespoir des assiégés. Il se fit relever de son serment par les Imans et les Cadis.

Dénouement. Alors il fit grâce aux habitants et entra en triomphe à Jérusalem , traînant à sa suite le roi (Gui de Lusignan) et 20,000 prisonniers faits à Tibériade. Jérusalem avait été conquise par les Chrétiens, quatre-vingts ans auparavant.

N° 147. — *Incendie de la Flotte turque à Ténédos.*

Exposition. La flotte turque était à l'ancre dans le port de Ténédos; sa position avait été reconnue par une division navale des Grecs. Il fut résolu qu'on irait la brûler. L'entreprise n'était pas facile; les Turcs étant aux aguets... Elle fut confiée, après quelques hésitations, à Kanaris, un des hommes les plus intrépides de notre siècle.

Nœud. Deux brûlots accompagnés de deux bricks partent de Psara, le 9 novembre, à 7 heures du soir. Le lendemain ils étaient sur les côtes de Ténédos, on les laissa passer parce qu'ils portaient pavillon turc, que les matelots

8

étaient revêtus de costumes ottomans, et qu'ils paraissaient d'ailleurs poursuivis par les deux bricks de guerre. Le jour baissait quand ils arrivèrent au port. Kanaris voulait embraser d'abord le vaisseau amiral; mais il ne pouvait le distinguer dans une forêt de mâts. Tout-à-coup il l'entendit répondre par trois coups de canon aux signaux des frégates d'avant-garde. Il encourage son équipage pousse au vaisseau et l'embrase. L'autre brûlot incendie un autre vaisseau. *Tableau*. L'incendie se propage, les canons échauffés tirent d'eux-mêmes, les obusiers chargés de bombes augmentent l'incendie, la forteresse croyant les ennemis au port foudroie ses propres vaisseaux. Les matelots coupent les câbles, et les navires se réfugient en pleine mer. *Nouveau tableau*. Une tempête éclate, les vaisseaux s'abordent dans l'obscurité, et périssent.

Dénouement. Pendant ce temps, Kanaris et ses dix-sept braves contemplaient tranquillement cette mer de feu; après avoir vu sauter les plus beaux vaisseaux de l'orient, ils sortirent du port, et recueillis par les deux bricks, ils rentrèrent trois jours après à Psara.

N° 148. — **Passage du grand St-Bernard par l'Armée Française.**

Exposition. Pour frapper les grands coups qu'il prépare, Napoléon a les Hautes-Alpes à franchir. Le grand St-Bernard, le point le plus rapproché du centre de l'Italie, est aussi le plus infranchissable —..... Les têtes de colonnes, en se rencontrant à Martigny, s'arrêtent étonnées au pied de ces gigantesques boulevards. Comment passer! — Il faudrait braver précipices, glaciers, neiges, lassitude, froid —... A travers un étroit sentier si dangereux qu'on le fait garder par de charitables religieux —...

Nœud. Là passera aussi une armée : Bonaparte l'a dit... *Description* du départ de Martigny, le 17 mai: mulets, traînaux, brancards, canons démontés, caissons, troncs d'arbres creusés, soldats criant : *Vive le premier consul* —... Quand un danger se présente, on bat la charge, et la nature est vaincue —... Cette armée n'a qu'un corps et qu'une âme —... Les échos répètent les chants de victoire —...

Dénouement. La victoire! car la montagne

est vaincue —... Bonaparte veut récompenser les soldats en leur donnant mille francs par pièce de canon transportée à force de bras, — mais tous refusent noblement. —

Avis. Suivez, pour remplir ce canevas, la même méthode que pour les canevas ordinaires.

N° 149. — Martyre de Sainte Blandine.

Exposition. Il était temps que les généreux athelètes lyonnais qui avaient remporté plus d'une victoire reçussent une couronne immortelle. Le jour fut indiqué —

Nœud. Blandine parut, — on l'attacha à un poteau, — Elle mit ses bras en croix, pour rappeler le souvenir du Sauveur —... Les bêtes vinrent et ne la touchèrent point —... On la reconduisit en prison —... Le lendemain, elle reparut dans l'amphithéâtre avec Ponticus, — on voulut les obliger à jurer par les idoles. Refus, — fureur du peuple. — Tourments. — Nouveaux refus de sacrifier aux idoles. — Ponticus meurt glorieusement. — Blandine n'avait cessé d'encourager ses compagnons les jours précédents —... Elle était remplie de joie —... Frappée de verges, lacérée par les bêtes furieuses, assise dans une chaise rougie, elle fut enfin mise dans un filet, et exposée à un taureau furieux —...

Dénouement. Enfin, on l'égorgea. — Les païens admirèrent tant de courage, surtout dans une femme —...

NARRATIONS POÉTIQUES.

☞ PRÉCEPTES DU GENRE, tome 1er, page 263.

COMPOSITIONS.

N° 150. — L'Ange exilé.

Exposition. Azaël était un de ces anges qui servent d'intermédiaires entre Dieu et l'homme. — Il fut envoyé par le Seigneur pour veiller au bonheur d'une famille qui n'avait qu'un petit coin de terre —... Mais en semant des fleurs dans les moissons, en couvrant la prairie de papillons, il rendit nulles les récoltes —... Après douze ans la famille fut ruinée —... L'un des fils se fit soldat, l'autre marin, la jeune fille disparut, le père mourut de chagrin et la mère se plaignit à Dieu, qui exila sur la terre Azaël, jusqu'à ce qu'il eût rapporté au ciel la chose la plus précieuse aux yeux de Dieu —... Les anges, ses frères, intercèdent pour lui, mais inutilement —...

Nœud. Condamné par la sentence divine à errer sur la terre, Azaël prend d'abord son vol vers l'orient —... Il vit d'abord un monarque d'Asie qui rendait la justice —... Près de lui était un sceptre d'or surmonté d'un énorme diamant —... Azaël croit avoir trouvé ce qu'il cherche —... Il s'empare du sceptre et s'envole —... Une voix se fait entendre : *Cherche mieux*, lui dit-elle; le sceptre tombe des mains de l'ange dans la campagne, un paysan le ramasse, le rapporte, mais convaincu de l'avoir volé, il est battu de verges —... Azaël reconnaît qu'il a fait une faute —... Il s'abat sur les bords du Gange.

Là, dans une pagode, des indiens idolâtres se prosternaient devant un livre qui renfermait, disaient-ils, toute la sagesse humaine et le baisaient avec respect —... Azaël prend le livre, mais il est presque foudroyé par les mots : *Cherche mieux* —... Le livre semble retomber des nues, et dix mille indiens de plus adorent Brama —... Azaël voit ses torts et devient plus prudent —...

C'est en vain qu'il interroge toute la nature —... Un jour il s'arrête près d'un abîme.
— Hélas! qu'il était changé. *Portrait* de l'ange
qui a perdu sa beauté. — Il entend des soupirs —... Devant lui est cette jeune fille qu'il
a vue dans la maison des pauvres cultivateurs.
— *Petit tableau* des joies de son enfance. —
Maintenant coupable et désespérée, elle était
à genoux et disait : — *Monologue* de la jeune
fille qui avoue ses fautes et demande pardon à
Dieu et à sa mère —... Trois fois elle veut se
précipiter dans l'abîme, trois fois Azaël la retient —... Elle pleure et les larmes ruissellent
sur ses joues amaigries —... Azaël attendri ramasse une coquille, il recueille une larme et
l'offre à Dieu —...

Dénouement. Des chants célestes éclatent
dans les nues, l'ange reprend sa beauté, il se
sent attiré vers le ciel —... Mais en partant il
dit à la jeune fille : — Espère.

N° **151.** — Le Gladiateur et le Tigre.

Exposition. Soixante mille spectateurs remplissent un amphithéâtre, soixante mille autres errent autour —... Ainsi est un vaisseau
rempli et entouré des eaux de la mer. — On

ouvre une loge, un tigre s'en échappe en rugissant —... Cependant le gladiateur reste couché sur le sable, appuyé sur son coude, insouciant et endormi —...

Nœud. On crie à l'intendant des jeux de faire lever la victime que ne voit point le tigre bondissant —... Les préposés s'approchent et piquent le gladiateur avec les pics de leurs lances —... Celui-ci pousse un cri, auquel répondent toutes les bêtes féroces enfermées dans les caveaux de l'amphithéâtre. — Il saisit la lance qui l'avait blessé, la brise en deux parties, en jette une à la tête de l'intendant des jeux, et s'avance avec l'autre contre le tigre —... Taille colossale du gladiateur, intérêt qu'il excite — ce qu'il fait en attendant l'attaque du tigre —... Le peuple demande que, suivant l'usage, le gladiateur ne soit point armé —... Cédant à cette exigence, il brise de nouveau le tronçon de la lance et en jette les morceaux à la tête du tigre —...

L'animal frappé par derrière se retourne et s'élance sur le gladiateur —... Celui-ci se baisse et le tigre tombe derrière lui —... Trois fois cette manœuvre est exécutée —... Le tigre vient lentement et à pas comptés... mais cette fois c'est l'homme qui saute par dessus l'animal —...

Après avoir fatigué longtemps son ennemi, le gladiateur se prépara enfin au combat —... Il attendit l'animal de pied ferme. *Description* du combat, dont voici les principales circonstances : le tigre pose ses griffes sur les épaules nues du gladiateur ; celui-ci saisit son ennemi par la gorge, le tigre se sentant étreint par des mains de fer, lève le museau pour aspirer de l'air ; le gladiateur se dresse sur ses pieds et repoussant le tigre, se laisse lourdement tomber sur lui ; l'animal a les côtes brisées, mais il arrache un lambeau de l'épaule de son vainqueur —...

Dénouement. Le gladiateur étrangle le tigre —... Acclamations du peuple —... Le vainqueur jette le cadavre devant la loge impériale.

N° 152. — Mort de Ménécée.

Note. L'oracle de Thèbes avait prédit, que pour terminer la guerre entre les fils d'OEdipe, le dernier prince de la maison royale devait verser son sang. Ménécée, le plus jeune et le dernier des princes se dévoue.

8*

(*Forme épistolaire.*)

Exposition. Je courais pour arrêter les combattants, mais déjà les armées en était venues aux mains —... Je montai sur la muraille pour regarder avec le peuple cet affreux combat de deux frères l'un contre l'autre —...

Nœud. En ce moment, Ménécée s'avance entre les deux armées; arrêtez, s'écrie-t-il —... Les soldats cessent le combat —... Le prince leur dit alors, en leur apprenant les ordres de l'oracle, qu'il allait se sacrifier —... (Ce petit discours sera direct.)

Dénouement. Il se poignarde en achevant, et les Grecs comme les Thébains admirent son héroïsme —...

N° 153. — Ugolin dans la Tour de la Faim.

NOTE. Le comte Ugolin avait été renfermé dans une tour, et condamné par Roger, son ennemi, à mourir de faim avec ses quatre enfants. Il raconte dans les enfers à un visiteur, son supplice et ses derniers moments.

—

Exposition. Renfermé dans ma tour, j'eus un songe; je vis Roger à la chasse d'un loup et de ses petits, qu'il atteignit et fit déchirer par des chiennes maigres —... Quand je m'éveillai, mes enfants demandaient du pain —...

Nœud. C'était l'heure du repas, mais mon songe m'annonçait qu'elle ne sonnerait pas. — J'entendis qu'on fermait la porte au bas de l'horrible tour. Je regardai mes fils sans mot dire, mais avec une expression apparemment si étrange qu'Anselme, le plus jeune, m'en demanda la cause —... Je ne pleurai ni ne répondis point jusqu'au lendemain —... Quand le jour fut venu, voyant la faim peinte sur ces quatre visages, je me mordis les mains —... Mes enfants croyant que c'était l'effet de la faim, me proposèrent de me nourrir de leur chair (paroles des enfants.) —... Deux jours durant, nous fûmes silencieux. — Le quatrième jour, Gaddo égaré, me dit : — *Mon père, que ne viens-tu me secourir?* et il mourut. Ainsi firent les trois autres du cinquième au sixième jour.

Dénouement. Pendant trois jours je me traînai, aveuglé sur leurs cadavres, et la douleur n'ayant pu me tuer, la faim me fit mourir.

N° 154. — Le Génie des Tempêtes.

Exposition. Le soleil avait cinq fois éclairé l'univers, depuis que nous avions quitté la terre des barbares. Il était nuit, — nous voguions paisiblement, — Lorsqu'un sombre nuage se mit devant nous —... La mer mugissait —... Je m'écriai : (Exclamations de surprise et de crainte.)

Nœud. Je finissais à peine, un spectre immense, épouvantable, s'élève devant nous. *Portrait* du génie des tempêtes, front menaçant, air farouche, teint pâle, barbe épaisse, cheveux chargés de gravier, etc., etc.

(Le génie parle et reproche aux Portugais de ne point respecter des barrières sacrées, il leur dit qu'aucun navire n'a encore pénétré dans ces mers dont il est le gardien et où il ne peut entrer lui-même. Il va leur apprendre tous les malheurs qui les attendent sur les mers et les terres lointaines où ils vont porter leur audace et leurs fureurs. Il leur annonce qu'il déchaînera contre eux et ceux à qui ils auront montré la route, les vents et les tempêtes, qu'il anéantira les flottes et les navigateurs; juste châtiment de leur témérité!)

Il continuait ses horribles prédictions. Qui es-tu? lui dis-je..... L'affreux géant répond d'un air et d'un ton à faire trembler —...

« Je suis le génie des tempêtes. Je garde ce cap (1) qu'aucun de vos savants n'a connu —... Ma chair et mes os devenus rochers forment ce promontoire qui termine la terre africaine—...»

Dénouement. A ces mots, il pleura et disparut, ainsi que la nuée —... Je me jetai à génoux, et priai les bons génies d'éloigner de nous tous les malheurs.

N° 155. — Les Araucaniens devant l'Impériale.

NOTE. Les Araucaniens, peuple le plus robuste et le plus belliqueux de toute l'Amérique, ne pouvant supporter le joug espagnol, se révoltent contre leurs vainqueurs, et après leur avoir fait supporter deux sanglantes défaites, ils poursuivirent leurs triomphes et vinrent les attaquer jusque dans l'*Impériale*, leur capitale.

—

Exposition. L'armée des barbares s'avançait vers la capitale des colonies espagnoles du

---

(1) Le cap de Bonne-Espérance, surnommé aussi *le cap des tempêtes.*

Chili. Mal approvisionnée — et mal défendue, — cette ville ne pouvait résister aux vainqueurs. — Caupolican, leur général, s'arrêta au milieu d'une plaine, à trois lieues de la ville, pour y attendre le reste de ses troupes. — Il se préparait à avancer, lorsque Dieu prit pitié des chrétiens malgré leurs crimes —...

Nœud. Déjà la trompette avait retenti —... lorsque l'ange des ténèbres, voulant contrarier les projets du Dieu des chrétiens, — vint ranimer le courage des barbares —... Il quitte les enfers, — et à peine est-il dans l'atmosphère, que les éléments se troublent... *Description.* — Les nuages, les vents, la grêle, la foudre —...

Les barbares sont effrayés —... *Eponamon* se présente à eux sous la forme d'un dragon —... et leur dit : (*harangue* du monstre.) Ils doivent conquérir la liberté, la victoire est facile, l'asile de la tyrannie va tomber en leur pouvoir; immolez les chrétiens, purgez le sol du Chili, etc., etc. En avant —... L'esprit infernal rentre dans les abîmes souterrains —... Acclamations et fureur des Araucaniens —... *Tableau* d'une belle nuit —... Une déité céleste fend les nues, en laissant à sa suite un sillon de lumière —...

Portrait de la messagère du ciel. — Elle dit aux barbares : — *Exhortation* vive et menaçante. — Où courez-vous ? — Retournez dans vos montagnes... Dieu combat avec les guerriers de la Castille... Par votre révolte, vous méconnaissez les décrets du Seigneur —... Tremblez, Dieu combattra contre vous —... Elle dit, et disparaît bientôt dans l'immense espace.

Dénouement. Les Araucaniens effrayés regardent le vol lumineux de la messagère céleste —... La frayeur succède dans leur cœur à la rage —... Saisis d'une terreur panique, ils s'enfuient éperdus dans leurs montagnes —...

Nº 155. — Combat nocturne de Clorinde et Tancrède.

NOTE. Les chrétiens avaient élevé une tour pour escalader Jérusalem au premier assaut ; Argant et Clorinde viennent l'embraser pendant la nuit. Tancrède accourt à cheval pour sauver la tour ; il aperçoit Clorinde, et la poursuit.

———

Exposition. La guerrière s'arrête — et demande à Tancrède ce qu'il veut. — Sur sa réponse qu'il apporte la guerre et la mort, Clorinde s'apprête au combat. — Tancrède met pied à terre. —

Nœud. Combat acharné. — *Tableau* brillant. Choc des épées, agitation des pieds, des mains, fureur, — les combattants s'approchent, se frappent avec la poignée des glaives, avec leurs casques, leurs boucliers —... Fatigués ils se reposent un instant, en se regardant —... Le jour paraît —... Tancrède demande à Clorinde quel est son nom —... Clorinde refuse de le déclarer et dit qu'elle est un des guerriers qui ont embrasé la tour —..... Tancrède répond que c'en est trop —... (Court *dialogue.*)

Le combat recommence —... mais les forces sont épuisées, c'est la rage qui combat —... Enfin Clorinde reçoit dans la poitrine un coup mortel —... Elle tombe ; mais en tombant un rayon céleste l'éclaire ; la vérité descend dans son cœur et d'une infidèle fait une chrétienne. D'une voix mourante elle s'avoue vaincue et demande le baptême. (Discours direct.)

Tancrède est attendri —... Il court à une fontaine voisine, et revient avec l'eau régénératrice —... Il détache le casque de l'héroïne et la reconnaît —... Il maîtrise sa douleur, et pour la vie qu'il lui ôte, il lui donne une vie immortelle —... Clorinde sourit en entendant les paroles saintes —...

Dénouement. Soudain ses joues pâlissent, ses yeux s'éteignent, elle offre sa main à Tancrède, et expire —...

N° 157. — La Mère Infortunée.

Manzoni raconte l'épisode suivant de la peste de Milan.

—

Exposition. Une jeune femme sort d'une maison —... Sa démarche attristée —... Ses yeux secs à force d'avoir pleuré —... Elle portait dans ses bras et serrée contre son cœur une jeune fille de neuf ans, morte, vêtue de blanc et parée comme pour une fête —...

Nœud. Un homme chargé d'enlever les morts à domicile pour les déposer sur le char funèbre (1), vient pour prendre la jeune fille —... Mais la mère lui dit qu'elle veut la déposer elle-même sur le char, et présentant une bourse à l'appariteur, elle lui fait promet-

—————

(1) Vous éviterez cette périphrase en vous servant du mot : *appariteur.*

tre qu'on ne touchera point aux parures de l'enfant —... Le char s'approche, la mère y place sa Cécile —... et lui fait ses adieux —... Puis elle dit à l'appariteur de venir la prendre elle-même ce soir, et qu'elle sera peut-être en compagnie —... Elle rentre à la maison et bientôt reparaît à la fenêtre avec une autre de ses filles, plus jeune que Cécile, et vivante encore, quoique la mort fût sur son visage —... Elle regarde, la pauvre femme, les indignes obsèques de sa fille aînée —...

Dénouement. Puis elle alla replacer sur le lit l'enfant mourante et rendit le dernier soupir avec elle —...

N° 158. — Les petits Orphelins.

Exposition. C'était le premier jour de l'an —... La nuit tombait —... Courte *description* des rigueurs de l'hiver, de la joie des enfants riches, et de la tristesse des enfants pauvres et orphelins. —Deux enfants demandaient l'aumône sur le seuil d'une chapelle —...

Nœud. Le plus jeune chantait. — L'aîné tendait en vain la main, et disait : *Allocution* de l'enfant aux passants : notre mère est morte, nôtre père aussi ; nous avons froid et faim, faut-il mourir? —... La foule cessa de passer —... Ils frappèrent à la porte de la chapelle —... Elle ne s'ouvrit point —... L'horloge sonna minuit —... Les enfants s'endormirent —... A l'aube du jour, un prêtre les trouva par terre et couverts de neige —... Ils se tenaient embrassés, l'aîné avait la main sur la bouche de son frère —...

Dénouement. Le bon prêtre les appela, mais ils ne se réveillèrent pas —... La veille on ne les voyait pas, on accourut pour les plaindre —...

N° 159. — La Feuille du Chêne.

Exposition. Un riche voyageur fut tué sur la route —... En mourant il dit à son assassin que le chêne voisin, seul témoin de son crime, le vengerait un jour —...

Nœud. Le meurtrier s'enfuit avec l'or du voyageur —... Au sein de sa famille il tâche en vain d'oublier son crime —... Un jour d'automne il buvait du lait —... Une feuille de chêne, détachée par les vents, vint tomber dans sa coupe —... il se trouble —...

Dénouement. Il se trahit —... Conduit devant les juges, il avoue son crime, et en subit la punition —...

N° 160. — Molina.

Exposition. Molina, cherchant à se mettre à l'abri d'un violent orage, arrive à l'entrée d'une caverne —... Malgré l'horreur que lui inspire cet antre inconnu, il y entre —... Tourmenté par ses fatigues du jour, il s'endort —...

Nœud. Mais un bruit terrible le réveille —... Ce bruit ressemble à celui que feraient des cailloux frottés les uns contre les autres —... Il est produit par des serpents —... Molina sait que leur venin est le plus subtil des poisons. *Tableau* de la frayeur de Molina. — Le jour vient —... Cet infortuné voit toute l'horreur de sa position —... Il faut fuir ou périr.—

Dénouement. Il ramasse ses forces —... Il se traîne jusqu'à l'entrée de la caverne —... Il est sauvé —... La peur de l'orage avait paralysé l'instinct malfaisant de ces dangereux reptiles.

N° 161. — Loïs.

Exposition. Cérès, ayant cherché par toute la terre sa fille Proserpine, s'en retournait en Sicile, lorsqu'elle fut arrêtée dans sa marche par les eaux de la seine —... Un bel enfant, nommé Loïs se baignait dans le fleuve —...

Nœud. Apercevant une étrangère, il court se cacher — Cérès l'appelle —... Loïs se revêtant de sa peau d'agneau, accourt et guide Cérès dans le passage du fleuve —... La déesse reconnaissante lui donne un gâteau, des épis et un baiser, et lui apprend comment se fait le pain —... Loïs tout joyeux vole près de sa mère et de son père, et leur fait part de ses dons —... Le père sème le blé —...

Un druide, jaloux de voir les moissons, vient près de Loïs, lui demande à voir le lieu où il a vu l'étrangère, et arrivé là, noie le pauvre Loïs —... Son désespoir quand elle trouve son cadavre —... Le druide, assis sur un roc, est content —... Cérès paraît —...

Dénouement. « Loïs, dit-elle, sois la plus belle fleur des Gaules. » Et elle change en lis le bel enfant —... Puis se tournant vers le druide, — elle lui cria : « Tyran cruel et dur, demeure. » Puis elle le change en chardon—...

Avis. N'allez pas précipiter ces métamorphoses. Profitez-en pour peindre le lis et le chardon. Terminez par une petite allocution de Cérès aux deux fleurs.

N° 162. — Claude Frollo.

Exposition. Quasimodo, regardant du haut des tours de l'église de Notre-Dame, à Paris, le supplice d'une personne qui lui est chère, aperçoit Claude Frollo, qui en est la cause —...

Nœud. Quasimodo se place derrière le traî- tre —... et le pousse dans l'abîme —... Frollo tombe, mais il s'accroche à une gouttière —... Son désespoir, ses efforts pour remonter —... Impassibilité de Quasimodo, qui, sans faire attention à sa victime, pleure en voyant le supplice... Situation de Frollo, qui n'osant demander du secours à son meurtrier, sent le plomb ployer sous lui, entend ses habits cra- quer, voit ses mains saignantes, regarde la place avec terreur, écoute les cris des curieux placés sur le parvis, fixe des yeux égarés sur tout ce qui l'entoure —... Enfin, par un der- nier effort, il rassemble ce qu'il a de force, et s'aide de ses pieds et de ses mains, il va remonter, mais le plomb de la gouttière ploie —...

Dénouement. Alors il tombe, et Quasimodo le regarde —... Lancé dans l'espace, l'infortuné fait quelques tours sur lui-mêms, il tombe vivant encore sur un toit... glisse et arrive brisé sur la place —...

N° 163. — Habibrach.

(Forme épistolaire.)

Exposition. Le nain Habibrach et moi, nous étions sur le bord d'un abîme —.. Mon ennemi, saisissant cette occasion de m'arracher la vie, s'élança sur moi pour me précipiter dans l'abîme —... mais je vis son mouvement, je me détournai et il tomba seul dans le gouffre —... Sa robe s'embarassa dans une racine, et il resta suspendu, en implorant ma pitié —...

Nœud. Je fus ému, et me baissai pour lui tendre la main, en m'appuyant contre le tronc d'un arbre —... Habibrach s'en saisit, et au lieu de vouloir remonter, il chercha à m'entraîner avec lui dans le gouffre —... Je faillis tomber —...

Court dialogue. — Exclamations et reproches du côté du narrateur. — Rage, ironie, soif de vengeance du côté d'Habibrach — *Tableau* des efforts terribles du côté du nain pour faire périr son ennemi avec lui, il remue avec fureur ses mains, ses pieds, ses yeux, sa bouche, il mort la racine pour la détacher —... Il rit épouvantablement, en me disant : *Viens* —..

Mon bras enlaçait l'arbre —... J'avais un genou posé dans une anfractuosité de rocher, j'appelai avec effort Bug-Jargal; la racine se rompait, j'allais céder —... Tout-à-coup un chien aboie, c'est Rask, suivi de son maître —... Bug-Jargal m'encourage et ordonne à Rask de venir près de moi —... Le chien accourt et me saisit par derrière, il était temps, mon bras venait de quitter l'arbre —...

Dénouement. Je fus sauvé, — le nain s'était épuisé en efforts, la racine craqua, mon courage fut ranimé, et le misérable s'engloutit en me jetant une malédiction —...

NARRATIONS BADINES.

☞ PRÉCEPTES DU GENRE, tome 1er, page 265.

COMPOSITIONS.

NOTA. Les canevas des narrations badines seront plus secs que les précédents. L'élève devra donner libre carrière à son imagination.

—

N° 164. — Le Chapeau.

Exposition. Une jeune personne bien gaie, bien gentille, reçut un jour de son papa un joli chapeau de paille d'Italie —... —... —...

Nœud. Avant dîner elle posa ce chapeau sur son lit, et après dîner elle accourut pour le voir encore, l'essayer et s'admirer —... Elle voulut prendre le chapeau, mais le voilà qui se sauve et fuit en faisant mille bonds sur les meubles et sur le parquet —... Grande frayeur de la pauvre enfant —... Son père vient à ses cris —... Il réussit à s'emparer du chapeau coureur —...

Dénouement. Qui avait rendu ce chapeau animé? —... Un énorme rat qui était entré dans la coiffe, et n'en pouvait plus sortir —...

N° 165. — Rêves de Voleurs.

Exposition. Un jour Charles-Quint chassait dans une forêt —... Séparé de sa suite par un orage, il se réfugie dans une caverne où il trouve quatre hommes de mauvaise mine, qui faisaient semblant de dormir —...

Nœud. Le roi s'approche —... les dormeurs s'éveillent et disent qu'ils viennent de rêver, le premier, qu'on lui donnait un manteau de velours, le second, qu'il recevait une jolie toque à plumes, le troisième qu'il trouvait un cheval magnifique —... En même temps chacun dépouillait le roi de ce qui faisait l'objet de son prétendu rêve —... Le quatrième, ne savait que prendre, quand un camarade lui fit remarquer au cou de prince une chaîne d'or et un sifflet d'argent —... Charles-Quint, avant de se laisser dépouiller de ces bijoux, souffla trois fois dans le sifflet —... A l'instant sa suite arrive à la caverne—... Se tournant alors vers les bandits, il leur dit qu'il avait rêvé qu'ils seraient pendus —...

Dénouement. Et il les fit pendre sur le champ —...

N° 166. — Baour-Lormian.

Exposition. Baour-Lormian, poète, né à Toulouse, était fort distrait —... Mécontent de sa cuisinière qui lui servait des œufs à la coque trop cuits, il voulut un jour les apprêter lui-même —... On lui avait dit que l'œuf devait rester cinq minutes dans l'eau bouillante —...

Nœud. Le lendemain, il prépare tout et n'oublie pas sa montre pour compter les cinq minutes —... L'eau étant en ébulition, Baour *croit y placer* (1) l'œuf, mais en rêvant du dénouement d'une tragédie, il oublie tout —... L'académicien Parseval arrive et le tirant de sa rêverie, lui demande ce qu'il fait là ! —... Eh ! je fais cuire un œuf, répond le poète, comptons les minutes —... Il veut regarder sa montre et l'œuf est dans sa main —...

Dénouement. Baour s'emporte contre sa distraction et se frappant le front avec sa main, il casse l'œuf dont le contenu inonde son visage —...

NOTE. (1) N'allez pas annoncer, en répétant cette expression, le dénouement de la narration.

N° 167. — Le Pater.

Exposition. Un pauvre berger savoyard, avait si peu de mémoire qu'il ne pouvait retenir le Pater en latin —... Saint François de Sales, voulut essayer de lui apprendre cette prière...

Nœud. Le bon évêque partage l'oraison dominicale en autant de parties, que le berger avait de moutons —... Ainsi *Pater, noster, qui es, in cœlis, sanctificetur,* désignaient les cinq plus beaux moutons, ainsi du reste —... Le berger réussit à apprendre *le pater* —... Mais voilà qu'au bout de six mois le saint veut faire répéter sa leçon au berger —... Celui-ci commence en disant : *Pater noster in cœlis* et achève le reste sans faute —... Douce réprimande de l'évêque qui dit au berger qu'il a oublié *qui es.*

Dénouement. Le berger répond que le loup a mangé le pauvre *qui es* —...

N° 168. — La Leçon Maternelle.

Exposition. Dans le bois de St-Cloud, un enfant frappait sa bonne en présence d'une dame —...

Nœud. La dame le réprimanda —... et l'enfant tout honteux alla se cacher —...

Dénouement. Petite morale. La dame, c'était la reine —...

Avis. Tâchez de mettre cette historiette en vers.

N° 169. — L'Abenaki.

Exposition. Les Abenakis, peuple sauvage de l'Amérique, étaient en guerre avec les Anglais —... Ceux-ci furent un jour défaits ; un jeune officier allait périr, quand un vieux sauvage, qui déjà avait ajusté une flèche contre lui, abaissa son arc et lui sauva la vie —...

Nœud. Le vieillard prit l'Anglais par la main, et l'ayant conduit à sa cabane, il le traita avec une douceur extraordinaire —... Mais en lui apprenant la langue et les arts des sauvages, quelquefois le vieillard versait des larmes —... Le printemps revint, la campagne recommença —... Le sauvage emmena l'officier anglais, et lui rappelant ses bienfaits, lui fit jurer de ne jamais verser le sang d'un Abenaki —... Arrivé en présence du camp anglais, le sauvage demande à l'officier s'il avait un père —... Sur sa réponse affirmative, le vieux

Abenaki dit qu'il avait eu un fils, que les Anglais avaient tué —... Il lui montra le soleil levant et des arbres en fleurs, et voulut savoir si ces objets lui faisaient plaisir —... Sans doute, reprit le jeune homme —... Eh bien! moi je les vois sans plaisir, — dit le sauvage. —

Dénouement. Puis, il dit à l'anglais de partir, afin que son père, en le revoyant, eût encore de la joie à revoir le soleil et les fleurs —...

N° 170 et 171. — Les Balances.

Exposition. Le sultan Ekber avait succédé à son père, le pacifique Humaïoun, septième descendant du grand Timur-Beg. Le jeune monarque, en montant sur le trône, fit régner avec lui tous les vices —... A cause de ses guerres injustes, il fut nommé par les peuples : *fils des fléaux* —...

Nœud. Un jour qu'il avait reçu les dons de ses sujets et de ses tributaires, à l'occasion du 50ᵉ anniversaire de sa naissance, il s'endormit —... Son sommeil fut agité par un songe qui l'éveilla en sursaut —... Il commanda qu'on allât chercher un célèbre fakir, habile

dans l'art d'expliquer les songes —... Le vieillard arriva au milieu de la nuit, et parut devant le tyran —... celui-ci raconte son songe —...

NOUVELLE NARRATION.

(Forme épistolaire.)

Exposition. Je dormais —... Une voix for-
midable appela mon âme qui quitta mon corps
et s'élança dans l'espace —...

Nœud. Je vis des balances d'or suspendues
à la voûte du ciel —... Un des plateaux était
chargé de poids énormes, l'autre était vide —...
Je fus placé sur ce dernier par une force inconnue, et malgré la légèreté de mon poids, —
j'enlevai le lourd plateau, qu'un enfant ailé,
charmant, empêcha avec son pied de monter
trop haut —... La terrible voix s'écria *qu'un
de plus suffirait* —...

Dénouement. L'enfant me regarda tristement —... Des monstres voisins grincèrent des
dents —... Je m'éveillai...

Le vieux fakir présentant à Ekber un cimeterre, lui dit d'écouter et sans l'interrom-

pre,—... Il lui reproche ses crimes —... C'est
la balance de la justice divine qu'il a vue —...
Il ne faut plus qu'une faute pour combler la
mesure —... L'enfant c'est une bonne action
qu'il a faite la veille, en approchant une auge
d'un porc attaché qui ne pouvait atteindre sa
nourriture —... Les monstres, c'est la punition —...

Ekber, armé du cimeterre, va frapper dans
sa fureur le vieux fakir —... *Un de plus*, dit
celui-ci tranquillement —...

Dénouement. A ces mots, tombe la colère du
sultan —... Il congédie le fakir, passe le reste
de la nuit dans la méditation, change dès le
lendemain de conduite, et mérite d'être appelé
le *père du peuple* —...

N° 172. — Les deux Bergers.

Exposition. Pendant une grande sécheresse,
deux bergers, Hamet et Raschid, se rencontrèrent et unirent leurs prières pour demander
de l'eau au maître de la terre —... Un grand
silence se fit —... et le génie de la terre parut —... (*Petite allégorie.*)

Nœud. Le génie les rassure et dit qu'il est

venu pour exaucer leurs vœux ; il leur ordonne de parler —... Hamet souhaite un ruisseau intarissable et inoffensif —... Le génie sourit et fait jaillir une source aux pieds d'Hamet —... (*Petit tableau* des bienfaits de l'eau sur les plantes.) Raschid demande le Gange avec ses poissons —... Le génie est courroucé, il fait un signe et le fleuve impétueux arrive et bouleverse tout —...

Dénouement. Raschid est entraîné par le fleuve et mangé par un crocodile ; Hamet fut heureux —...

N° 173. — L'Arabe au Désert.

Exposition. Un Arabe était dans le désert et se mourait de faim —...

Nœud. Il trouve un sac de cuir et croit qu'il contient des fruits —...

Dénouement. Mais il contient des perles —...

N° 174. — Le Derviche offensé.

Exposition. Un derviche demandant l'aumône à un favori du sultan, celui-ci lui jeta une pierre —...

Nœud. Le derviche ramassa la pierre, pour se venger un jour —... Après quelques jours le favori fut disgracié et promené dans les rues sur un chameau —...

Alors, le derviche courut avec sa pierre —...

Dénouement. Mais il la jeta dans un puits—...

Epiphonème. N'insultons ni les puissants ni les malheureux —...

AVIS. Il faudra donner les raisons de la morale contenue dans l'épiphonème, qu'on placera dans la bouche du derviche.

Nº 175. — Le Fardeau éternel.

Exposition. Le calife Hakkam, pour agrandir ses jardins, dépouilla de son champ une pauvre veuve qui alla se plaindre à Iben Beschir, cadi (juge) de la ville — ...

Nœud. Le cadi fut embarrassé—... Il prit un âne et un sac et alla trouver le calife dans ses nouveaux jardins —... Introduit près d'Hakkam, il le pria de lui permettre d'emplir le sac de terre —... Quand le sac fut plein, le cadi pria le calife de l'aider à placer ce fardeau sur l'âne —... Le calife surpris, y consentit pourtant, mais il trouva le sac trop pesant —... Ah! dit le cadi, si un sac de terre est si lourd, comment feras-tu pour porter tout le domaine de la pauvre veuve au jour du jugement —...

Dénouement. Le calife rendit le champ à la pauvre veuve —...

N° 176. — Les trois Amis.

Exposition. Trois arabes ne pouvant décider quel était le plus généreux, ou d'Abdallah, ou de Kaïr, ou d'Arabah, résolurent de mettre à l'épreuve chacun leur ami, en leur faisant la même demande; tous trois devaient dire qu'ils allaient en voyage et qu'ils étaient dans le besoin —...

Nœud. Le premier s'adresse à Abdallah, qui était prêt lui-même à monter sur un chameau chargé richement pour un voyage lointain —... Abdallah remet son chameau à son ami et lui confie son épée —...

Le second va trouver Kaïr —... L'esclave lui répondit que son maître dormait, mais il lui donna en son nom, tout son argent, un chameau et un esclave —... Kaïr éveillé donna la liberté à son esclave en récompense de sa conduite —...

Le troisième rencontre Arabah, qui, vieux, pauvre, et presque aveugle, se faisait conduire

à la prière par deux esclaves —... Arabah,
n'ayant pas d'argent donna ses deux esclaves,
et se mit à suivre son chemin en s'appuyant
contre les murs —...

Dénouement. Les trois arabes, en se revoyant,
décernèrent à Arabah le prix de générosité —...

N° 177. — Le Juge avisé.

Exposition. Un marchand qui, en partant
pour un voyage, avait confié à un joaillier, son
ami, une bourse de mille sequins, eut la douleur de voir nier son dépôt, quand il revint —...
Il alla porter plainte au cadi contre le joaillier —...

Nœud. Le Cadi le blâma de sa confiance
excessive, et lui disant qu'il aviserait, lui
donna rendez-vous pour le lendemain, en l'engageant à revoir son homme, à lui parler avec
douceur, mais sans lui dire un mot de justice
et de procès —... Cependant le cadi fait appeler
le joaillier et après avoir gagné sa confiance par
quelques compliments, il lui annonce que devant sous peu partir pour quelque temps, il a
l'intention de lui confier la garde de tous ses
trésors pendant son absence —... Contente-

ment du joaillier qui prête toutes sortes de ser-
ments de fidélité —...

Le lendemain, le marchand alla dire au cadi
que le joaillier restait sourd à ses prières —...
Le cadi lui conseilla de retourner près du voleur, et le menacer d'une plainte au cadi —...
Quand le joaillier entendit parler du cadi, il
rendit gracieusement la bourse —...

Dénouement. Cependant, la nuit était venue
et aucun esclave n'avait apporté les trésors du
cadi —... Le joaillier inquiet alla le trouver,
mais il reçut un accueil qui le fit s'esquiver au
plus vite —...

N° 178. — Le Melon.

Exposition. Un paysan n'avait pour toute
fortune qu'un melon, qui lui fut volé par un
officier du sultan Masud —... Le pauvre homme vint se plaindre au sultan, qui en ce moment était à la chasse avec une partie de son
armée —...

Nœud. Le sultan rassure le paysan, puis
ordonne à un de ses esclaves de parcourir le
camp, et d'offrir une fortune à celui qui voudrait lui donner un melon —... L'esclave s'ac-
quitte de sa commmission et trouve l'officier

qui, enchanté, vient offrir le melon au sultan —...

Masud dit alors au paysan : cet homme est ton esclave —... Le paysan s'éloigne avec l'officier enchaîné, mais bientôt il lui rend la liberté pour cinq cents sequins —... Il vient alors annoncer son marché au sultan —...

Dénouement. Masud le blâme d'avoir ainsi traité, puisque, l'officier lui ayant volé tout ce qu'il possédait, était forcé par les lois à lui donner tout son bien —...

N° 179. — Le Paysan de Bilbis.

Exposition. Un paysan de Bilbis chassant devant lui un âne chargé de deux sacs allait vendre du blé au Caire —...

Nœud. Il est abordé par un homme qui lui donne un sequin et veut prendre le blé —... Mais en ce moment, la terre s'ouvre et le paysan tombe avec son âne dans une caverne pleine d'or —... De gros chiens gardaient ces trésors —... Il s'efforçait de sortir en cherchant une issue, quand l'homme qui lui avait donné un sequin se présente et lui permet, au nom du sultan, de charger d'or son âne —... Le bonhomme ne se le fit pas dire deux fois, et re-merciant le sultan et son trésorier, il demanda son chemin —... L'obligeant trésorier lui dit de fermer les yeux un moment —...

Dénouement. Quand le paysan rouvrit les yeux, il se trouva assis sur la route du Caire, la bride de son âne entre les mains, et vit qu'il avait été volé pendant son doux rêve —... Petit *monologue* du bonhomme pendant qu'il reprend le chemin de son village —...

N° 180. — Honain.

Exposition. Honain était médecin du calife Mutevekul —... Comme il était étranger, on le rendit suspect au calife —... Celui-ci alarmé, voulut le mettre à l'épreuve, et lui dit d'empoisonner le lendemain à dîner un de ses émirs —...

Nœud. Honain répond qu'il ne connaît que l'art de guérir et non celui de faire mourir, et demande la permission de se retirer —... Le calife réfute cette objection, prie, menace, s'emporte, le tout inutilement; Honain est jeté en prison —... Quelque temps après le calife le fait venir, et lui présente devant toute sa cour, d'un côté des monceaux d'or et des diamants, de l'autre un fouet et un glaive —…

Honain choisit le châtiment qui frappe l'innocent et repousse le crime qui déshonore —…

Dénouement. Sois mon ami, dit le calife resté seul avec Honain; je te donne toutes ces richesses —…

N° 181. — La Tête de Mort.

Exposition. Un jeune pâtre, doué de beaucoup d'intelligence, d'un sentiment naturel de poésie et d'une grande piété, gardait un soir son troupeau dans une grande plaine près d'un petit tertre ombragé de petits chênes —… Il était assis sur une pierre druidique, appelée dans le pays la *Pierre de sang.*

Nœud. Après avoir longtemps regardé le ciel, le jeune pâtre se mit à envisager le tertre qui était en face de lui —… Il voit tout-à-coup les feuilles le plus près de terre s'agiter, puis une boule en sort, et roule à ses pieds; c'était une tête de mort —…… Sa frayeur —… Il revient cependant près de la pierre, et se met à considérer la tête —… La voilà qui se remue et s'enfuit par petits bonds —... Nouvel effroi plus fondé; incertitude de ce qu'il va faire, la nuit devient noire, c'est l'heure des spectres —... Il rassemble son courage, fait le signe de la croix, saute sur la tête, et la tient sur ses genoux —... Il lui demande à haute voix pourquoi elle a quitté sa demeure souterraine —... La tête ne répondit pas, mais la bouche s'ouvrant avec effort vomit... un énorme crapaud —... Le pâtre fut désappointé; car il aimait le merveilleux, comme tous les poètes —... Il apporta la tête à la ferme —... Elle fut examinée —... On vit un trou au crâne et un reste de clou —...

Dénouement. On alla fouiller dans le tertre —... On y trouva un cadavre qu'on reconnut être celui d'un percepteur de la commune disparu il y avait quinze ans —... La justice informa et l'on mit la main sur le meurtrier —...

N° 182. — Maldonata.

Exposition. Buénos-Ayres, fondé par les Espagnols, était bloqué; tous ceux qui en sortaient étaient tués par les sauvages, il était défendu de sortir sous peine de mort —... Une femme nommée Maldonata, préférant la mort à la faim, se sauva dans la campagne—...

Nœud. Elle entra dans une caverne où elle trouva avec effroi une lionne —... La terrible bête s'approcha d'un air caressant comme pour demander secours —... Maldonata vit alors qu'elle allait mettre bas ses petits — et que ses gémissements étaient le langage d'une mère qui réclamait du secours pour la délivrer de son fardeau. Elle aida la nature dans ce moment douloureux où elle semble n'accorder qu'à regret à tous les êtres naissants le jour et cette vie qu'elle leur laisse respirer si peu de temps (1). Joie de la lionne, qui apporte de la nourriture à ses petits et à Maldonata —... Une fois cette famille de lions assez forte, elle disparut — Maldonata sortit de la caverne, fut prise par les Indiens et reprise par les Espagnols —... Le commandant de Buénos-Ayres, pour la punir, commanda qu'on l'attachât à un arbre au milieu d'un bois —... Deux jours après, on vint voir ce qu'elle était devenue ; on la trouva entourée d'une lionne et de ses lionceaux qui la défendaient contre la voracité d'une bande de tigres affamés —... A l'approche des soldats la lionne s'écarta et laissa détacher sa libératrice —...

---

(1) Ne touchez pas à ces deux phrases.

Dénouement. Le commandant, instruit de tout, laissa la vie et pardonna à la pauvre femme.

N° 183. — Le Palmier Bleu.

(Forme épistolaire.)

Exposition. La nuit venait —... J'étais dans un désert —... Je m'étais assis sous un arbre —... et je me plaignais de ma pauvreté et de mon triste sort de Derviche —...

Nœud. Tout-à-coup parut une belle jeune fille —... *Portrait :* robe bleue, cheveux à boucles dorées, dans une main une baguette d'or enlacée par un serpent blanc, dans l'autre une branche de palmier bleu.

Elle me dit qu'elle était la fée Gorek, la protectrice des sages, et qu'elle venait pour combler mes vœux —... que je suivrais la vallée, et qu'ayant trouvé une source, j'y prendrais un caillou bleu —... Que je marcherais jusqu'à un jardin gardé par cent lions, au milieu desquels je passerais invisible en mettant le caillou dans ma bouche —... Qu'arrivé au palmier bleu, qui porte des dattes dont le noyau est d'or, j'en cueillerais trois, rien que

trois, qui plantées produiraient dans un jour
trois grands arbres semblables —...

Voyage du derviche en exécutant les ordres
de la fée. *Description* (à votre liberté d'imagination) des beautés du jardin du palmier
bleu, — puis du palmier bleu lui-même, —
dorez son tronc, embellissez ses feuilles, soyez
avide de ses fruits. —

J'ôtai le caillou bleu de ma bouche; pour
manger de ces fruits merveilleux —... Mais
les lions m'aperçurent —... En ce moment la
fée bleue vint me défendre, elle me reprocha
ma faiblesse, puisque je ne pouvais supporter
la richesse et me dit de me contenter de ma
pauvreté —...

Dénouement. Elle me toucha et disparut —...
J'ouvris les yeux, et surpris de mon long sommeil, je continuai ma route —... et atteignis
avec la fin du jour le terme de mon pélerinage.

NARRATIONS MIXTES.

☞ PRÉCEPTES DU GENRE, tome 1er, page 266.

COMPOSITIONS.

N° 184. — L'hôpital Auffrédi.

Fait historique. Auffrédi, riche marchand armateur de la Rochelle au commencement du XIIIe siècle, avait expédié dix navires dans le Levant. Le bruit courut qu'ils avaient fait naufrage.

Le crédit d'Auffrédi en reçoit de mortelles atteintes, ses amis l'abandonnent, il est ruiné, et, pour vivre, il est obligé de se faire portefaix sur le port de la Rochelle.

Deux ans après ses dix navires reviennent. Auffrédi devient plus riche qu'auparavant; avec ses bénéfices immenses il fonda à la Rochelle l'hôpital qui porte son nom.

Avis. Les trois paragraphes vous indiquent l'*exposition*, le *nœud* et le *dénouement*. Imaginez les circonstances du fait, étendez-vous surtout dans le *nœud*, sur les malheurs d'Auffrédi, sur sa grandeur d'âme, sur l'ingratitude de ses premiers amis, sur le respect de ses amis nouveaux, portefaix comme lui. Dans le *dénouement* faites ressortir la générosité d'Auffrédi, qui oublie les mépris qu'il avait essuyés dans sa mauvaise fortune.

N° 185. — Les deux Nègres.

Fait. La goélette *les Six Sœurs* venait d'être incendiée en pleine mer.

Les passagers et les matelots se réfugièrent dans une chaloupe trop petite pour les contenir ; un orage éclata. — On résolut de jeter à la mer ou deux nègres, domestiques de Mme Malfit, ou Mme Malfit elle-même avec son enfant. Les nègres entendent la sentence, ils se débattent un instant avec leur maîtresse.

Puis ils se jettent à la mer. L'orage s'apaise.

Avis. Dans cette narration, comme dans la précédente et dans les suivantes, la division des paragraphes indique les trois parties de la disposition, c'est-à-dire, l'*exposition*, le *nœud* et le *dénoûment*.

Le point le plus intéressant à traiter, est la discussion de dévouement qui s'élève entre les nègres et leur maîtresse, en présence de l'équipage de la goélette. Ces nègres qui montrent le ciel, qui embrassent leur jeune maître, l'enfant de Mme Malfit, pour la dernière fois, qui font jurer au capitaine de sauver leur maîtresse ; cette pauvre mère qui consent à mourir si l'on veut adopter son enfant ; ce sont là de beaux sentiments à peindre.

N° 186. — L'Empereur Rodolphe.

Fait. Un jour le chevalier Rodolphe, qui fut depuis empereur d'Allemagne, était à la chasse; il rencontre un prêtre qui portait le saint viatique.

Il descend de cheval et s'agenouille; mais un torrent grossi par les pluies va forcer le prêtre à se déchausser. Rodolphe prête son cheval au ministre du Seigneur. Le lendemain le même prêtre lui ramène son cheval.

Rodolphe refuse de se servir désormais de l'animal qui a porté le maître du monde. Le prêtre s'éloigne en comblant de bénédictions le généreux chevalier.

Avis. Pour donner plus d'intérêt à cette narration, vous ferez, avant l'exposition, une petite description d'un festin donné à l'empereur Rodolphe, longtemps après le fait que vous avez à raconter. Au dessert Rodolphe témoignera le désir d'entendre les chants d'un troubadour. Il s'en présente un qui raconte poétiquement le fait, qui est l'objet du canevas. Vous animerez la rencontre du prêtre et du chevalier par un *dialogue* convenable. Puis après le dénouement, Rodolphe qui n'aura point été appelé par son nom dans le chant du troubadour, se détournera pour cacher une larme d'attendrissement. L'assemblée ne connaîtra qu'à ce signe l'auteur de la belle action chantée par le troubadour.

Nº 187. — Guillaume Tell.

Guillaume Tell est condamné par le tyran Gessler à abattre une pomme sur la tête de son fils Gemmi.

L'habile archer tremble ; il veut voir son fils, l'embrasser encore et lui faire ses recommandations... Il retourne à sa place, et deux fois il vise, enfin le trait part.

La pomme est emportée.

Avis. Imaginez une exhortation bien touchante de Guillaume Tell à Gemmi.

Nº 188. — François et Guillaume.

Guillaume avait dans son verger un magnifique poirier chargé de crassannes, qu'on lui volait toutes les nuits. Il se mit à l'affût avec un fusil chargé de sel pour punir les maraudeurs. Mais le voleur était un ours. Guillaume prit vite son parti ; et le lendemain il scia des lingots de fer, chargea son fusil de munition à double charge. François, son voisin, le regardait faire. Il se proposa pour compagnon de chasse de Guillaume qui refusa.

Avis. Dans cette exposition un peu longue, Guillaume ne dit rien à François de ses projets. Celui-ci les devine.

François trouve la trace de l'ours et vient en prévenir Guillaume, qui refuse toujours de s'associer un compagnon dans son entreprise. Tous deux vont à l'affût, Guillaume dans son jardin, François sur le passage de l'ours. L'animal arrive en rugissant, évente François, fait un détour, et arrive au poirier. Guillaume tire et l'ours est blessé mortellement, mais il s'enfuit, sort du verger, vient prendre le vent, et rentre dans le verger pour courir sur Guillaume. François qui de loin observait tout, s'élance au secours de son voisin, en criant : *prends garde !* Il arrive au moment où l'ours était aux prises avec Guillaume.

A quatre pas il tire et tue l'ours. Il se baisse sur Guillaume dont le corps n'était plus qu'un amas de chairs meurtries et déchirées. Cependant tout le village qui avait entendu les coups de feu et les rugissements de l'ours arrive dans le verger. Désespoir de ces braves gens. Désolation de la femme de Guillaume.

Avis. Voilà un sujet fécond en incidents et que vous pouvez enrichir d'une foule de détails dramatiques. Soignez surtout la rencontre de l'ours, depuis le moment où François le voit sortir du bois, jusqu'à celui où il lui brise la poitrine.

N° 189. — Mort de Mithridate.

Mithridate a la douleur de voir Pharnace, son fils, se joindre aux Romains pour combattre contre lui; il est vaincu, il veut échapper par la mort à la vengeance de ses ennemis.

Il essaie d'abord de s'empoisonner, il ne peut y réussir parce que, dès sa jeunesse, il s'est habitué aux poisons. Il mourra donc les armes à la main; il fait ouvrir son palais et reçoit à coups d'épée les bataillons ennemis. Les Romains voulant le prendre vivant, l'entourent et vont se jeter sur lui.

Mais il se perce le sein de son épée. En ce moment Xipharès, son second fils, resté fidèle à sa cause, accourt victorieux après avoir repoussé les ennemis jusque sur leurs vaisseaux. Inutile triomphe!

N° 190. — Combat singulier de Turenne et de d'Aumale.

Turenne, du parti d'Henri IV, et d'Aumale du parti de la ligue, se sont provoqués en combat singulier. Ils vont se battre à l'épée, sans bouclier.

La trompette sonne. Combat, d'Aumale est plus fort, Turenne est plus adroit.

D'Aumale est vaincu; il reçoit un coup mortel.

Avis. Vous aurez à imaginer dans *le nœud* tous les détails du combat.

N° 191. — Le peintre Robert aux Catacombes.

Note. Les catacombes de Rome sont de vastes souterrains qui s'étendent sous les remparts de la ville éternelle et sous les vastes plaines qui l'environnent. Ce sont d'anciennes carrières de pierres, qui fournirent aux constructions de Rome pendant deux mille ans. C'est là que les premiers chrétiens enterraient leurs morts et célébraient les saints mystères de leur culte. Vastes labyrinthes de galeries étroites et peu élevées, elles sont le tombeau du voyageur imprudeut qui se hasarde à les visiter sans guide. Si vous le jugez convenable, vous reproduirez une partie de cette note dans l'exposition de la narration suivante.

———

Le jeune peintre Robert voulant visiter les catacombes prit un fil et un flambeau et pénétra hardiment dans ces routes ténébreuses. Son admiration d'artiste et de chrétien.

Mais voilà qu'en voulant saisir une urne antique, le fil s'échappe de sa main. Il cherche, va, s'avance, revient, s'égare, se trouble. Il arrive dans un rond-point, où aboutissent vingt chemins; lequel prendre? Il les prend tous en vain, et passe ainsi dix heures de temps. Son flambeau se consume et s'éteint. Obscurité effrayante, silence de mort, pensées tristes, regrets de la vie. Amis, parents, gloire, bonheur, tout s'évanouit. La faim arrive menaçante. Tout-à-coup son pied rencontre un léger obstacle. Il se baisse et retrouve son fil; maintenant il n'a plus peur, et joue avec l'obscurité.

Il suit son fil précieux; il revoit le jour, et renait à la vie dont il avait déjà fait le sacrifice.

Avis. Vous aurez un tableau difficile à faire dans le *nœud*. C'est celui des tortures qu'éprouve le jeune artiste quand il perd son fil, et que son flambeau s'éteint. Efforcez-vous de faire croître l'intérêt, de manière à ce que le sort de Robert paraisse désespéré au moment où il retrouve son fil.

N° 192. — Vision de Jeanne-d'Arc.

Note. C'est l'héroïne qui parle.

—

J'étais tranquille à Vaucouleurs, près des auteurs de mes jours; je les aidais, et gardais les troupeaux sur la montagne. Le bruit se répandait que les Anglais vainqueurs allaient renverser le trône de Clovis. J'étais tourmentée par ces rumeurs funestes.

Un soir, pour me mettre à l'abri d'un orage, j'entrai dans une chapelle, et je m'endormis. Une femme céleste m'apparut : « Lève-toi, « dit-elle, je suis Geneviève, bergère comme « toi; je délivrai la France d'Attila; la même « gloire t'est réservée. Il y a une épée cachée « dans les murs de Fierbois, elle sera remise « en tes mains; Orléans t'attend, tu vaincras « l'anglais et feras couronner ton roi. » Elle dit; en m'éveillant, je restai incertaine, mais trois fois pendant la nuit je revis la sainte qui m'appelait.

Alors je cédai, et je fis mes adieux à mon pays.

N° 193. — Dévouement Filial.

C'était pendant la Révolution française, on égorgeait les prisonniers renfermés à l'Abbaye. Le père de Mlle Sombreuil allait périr.

Sa courageuse fille s'élance, le dispute à ses

meurtriers, lui fait un rempart de son corps. Les bourreaux sont émus; ils décident qu'on fera grâce au vieillard, si la jeune fille consent à boire un verre de sang humain!

Elle boit, et son père est sauvé.

Avis. Dans *l'exposition* vous ferez un court tableau des angoisses des familles pendant le règne de la terreur. Dans le *nœud* vous inventerez le dialogue qui *a dû* s'établir à l'Abbaye entre Mlle de Sombreuil et les septembriseurs; d'une part la prière d'abord, les reproches ensuite, et même la menace, de l'autre des paroles brèves et rudes. Dans le *dénouement* vous saisirez habilement les *petites circonstances* qui accompagnent l'acte héroïque de Mlle de Sombreuil, ainsi que la délivrance de son père.

N° 194. — Mort d'Abel.

Un orage se préparait; le courroux du ciel semblaient présager quelque crime. (*Tableau des indices précurseurs de l'orage.*) Caïn travaillait la terre et maudissait sa condition misérable (*Monologue* de Caïn) en songeant à la position fortunée de son frère Abel.

Abel aperçoit son frère; il accourt et l'engage à s'abriter pendant l'orage. (*Dialogue* : du côté d'Abel, amitié et tendres reproches; du côté de Caïn, fureur et menaces.) Caïn irrité frappe son frère au front, puis s'épouvante de

son action. (*Tableau* des frayeurs du meurtrier.)

Abel expire, l'orage éclate, Eve appelle
Caïn qui s'enfuit.

Nº 195 à 198. — Vision de Charles XI.

Nº 195. — EXPOSITION.

Charles XI, père du fameux Charles XII,
fut un des monarques les plus despotiques, mais
l'un des plus sages qu'ait eus la Suède (1).
Faites ici le *portrait moral* de ce prince, en
consultant votre histoire moderne.

Sa femme Ulrique-Eléonore venait de mourir. Quoique dur envers elle il fut touché de
sa mort, devint d'une humeur sombre, et
chercha des distractions dans le travail. Un
soir d'automne, il causait en déshabillé dans
son cabinet avec le comte Brahé et le médecin
Baumgarten. Le roi était dans un accès d'humeur noire, et quoique la soirée fut fort avancée il ne congédiait point ses interlocuteurs.
Embarras de ces derniers, et leurs efforts pour
interrompre une entrevue évidemment gênante

---

(1) Vous ne changerez pas cette première phrase.

pour eux. La conversation languissait. Sur une observation que fit le comte Brahé sur le portrait de la reine Ulrique (1), le roi avait répondu brusquement, et s'était approché d'une fenêtre donnant sur la cour.

No 196. — NOEUD.

Le palais où résident aujourd'hui les rois de Suède n'était pas encore achevé, et Charles XI qui l'avait commencé, habitait alors l'ancien palais, situé à la pointe du Ritterholm, qui regarde le lac Mœlers : c'est un grand bâtiment en forme de fer à cheval. Le cabinet du roi était à l'une des extrémités, et à peu près en face se trouvait la grande salle où s'assemblaient les états, quand ils devaient entendre quelque communication de la couronne.

(Cette explication topographique étant un préambule du nœud, restera telle qu'elle est.)

Le roi voit la salle illuminée. Sa surprise, ses suppositions. Le comte Brahé va sonner ; mais le roi rempli d'une terreur religieuse veut aller lui-même reconnaître la cause de cette

---

(1) Le comte Brahé dit que le portrait était ressemblant ; le roi répond le contraire.

illumination. Il sort, suivi du comte et du médecin avec des bougies allumées.

Le concierge était couché, le médecin le réveille, il prend ses clefs, ouvre d'abord la porte d'une galerie servant d'antichambre à la salle des états; cette galerie lambrissée de chêne est en ce moment tendue de noir! Surprise du roi, sa question au concierge; malgré sa réponse peu rassurante, le roi s'avance. Ses trois acolytes le conjurent tour-à-tour de ne pas aller plus avant. Réponse ferme du roi parvenu à la porte de la salle. Il ordonne d'ouvrir. Le concierge tremble, le comte refuse. Charles ouvre lui-même.

La salle est éclairée par mille flambeaux, elle est tendue de noir, les drapeaux ennemis conquis par Gustave-Adolphe sont rangés avec ordre, les bannières suédoises sont couvertes de crêpes. Une assemblée immense, composée des quatre ordres de l'état, présentait une multitude de visago humains, qu'on distinguait très visiblement mais qu'on ne pouvait reconnaître.

N° 197. — SUITE DU NOEUD.

Sur le trône royal était assis un cadavre costumé en roi ; à droite était un enfant avec les insignes de la royauté, à gauche un vieillard, couvert du manteau des anciens administrateurs de la Suède. En face du trône, des juges assis devant les livres de la loi. Entre eux et le trône, un billot avec une hache.

L'assemblée fantasmagorique ne fait pas attention à Charles XI et à sa suite ; elle murmure confusément. Le président des juges se lève et frappe trois fois sur un des in-folio. Par une porte du fond entrent des seigneurs garottés. Le premier s'arrête devant le billot et le regarde avec mépris. Il s'agenouille, la hache se lève, et la tête du prisonnier vient frapper la pantoufle de Charles XI. Le roi, resté muet jusqu'alors s'avance et dit au président de l'assemblée : « Si tu es Dieu, parle ; si tu es de l'autre monde, laisse-nous en paix. » (*Ne changez pas les paroles du roi.*) Le fantôme répond que ce sang ne coulera que cinq régnes après celui de Charles XI.

N° 198. — DÉNOUEMENT.

Alors, toutes les formes fantastiques de l'assemblée s'obscurcissent, bientôt elles ressemblent à des ombres et disparaissent. La salle plongée tout-à-coup dans l'obscurité, ne fut plus éclairée que par les flambeaux que tenaient le roi et ses compagnons ; on entendit comme une mélodie semblable à un vent léger qui agite le feuillage, ou au son d'une harpe dont les cordes se brisent. Rien ne resta de la vision qu'une tache rouge sur la pantoufle de Charles XI.

Cette vision annoncerait :

L'assassinat de Gustave III, par Ankastrom.

— Le cadavre couronné.

Le supplice d'Ankastrom. — Le prisonnier décapité.

Le règne de Gustave IV. — L'enfant.

L'élévation au trône du duc de Sudermanie. — Le vieillard.

N° 199. — L'Aéronaute Harris.

Harris, ancien officier de marine, allait faire une ascension publique en aérostat. Tout était prêt ; une jeune fille s'avance, demandant à accompagner le voyageur.

Harris accepte et miss Jeanne Storks monte avec joie et courage dans la fragile nacelle. On coupe les cordes ; les voyageurs quittent la terre. — Leurs impressions. — Tout-à-coup, un bruit extraordinaire s'échappant du ballon, Harris reconnaît que le gaz s'échappe par une ouverture. Bientôt le ballon descend avec rapidité ; trop convaincu de son malheur, Harris fait tous ses efforts pour se garantir d'une chute mortelle. Le ballon tombe et se brise contre un arbre.

Harris est tué, la jeune fille qui s'est évanouie arrive à terre sans accident.

N° 200. — Kenneth et Conrad.

Les prêtres étaient venus prier dans l'arène. Les trompettes d'Angleterre avaient retenti, et un héraut d'armes avait annoncé l'accusation de sir Kennet d'Ecosse, champion du roi d'Angleterre, contre Conrad, marquis de Montserrat pour fait de trahison.

Au nom de Kenneth, de joyeuses acclamations s'élèvent de la tente du roi. A peine entend-on la réponse de Montserrat, qui proteste de son innocence. Les écuyers s'approchent des combattants, leur remettent leurs lances et attachent leurs boucliers sur leurs poitrines. Le chevalier écossais qui avait été fait prisonnier précédemment, avait pour armoiries un léopard avec une chaine de fer brisée, le marquis de Montserrat avait choisi pour écusson une montagne escarpée, *Monte Serrato*. (1) Ces armoiries étaient peintes sur les boucliers. Les champions s'apprêtent au combat et le silence devient si complet que l'on n'entend plus que les trépignements des chevaux. On donne le signal, les trompettes guerrières sonnent, les combattants s'élancent et se heurtent de leurs lances; Conrad frappe au milieu du bouclier de son adversaire, dont le cheval recule de trois pas, Kenneth se comporte de même.

La lance de Conrad se brise jusqu'au gantelet sans avoir blessé Kenneth; mais la lance du chevalier écossais traverse bouclier, cuirasse et cotte de mailles, et laisse son tronçon d'acier dans la poitrine de l'infortuné marquis.

N° 201. — Girardin.

Girardin était propriétaire, il y a quelques années, de la maison où naquit et vécut Jeanne d'Arc, à Domrémy. Cet humble toit est respecté des jeunes filles, à cause de celle qui fut une des gloires de leur sexe, des jeunes

---

(1) Monte Serrato. Mont dentelé ; c'est le nom d'une montagne d'Espagne.

garçons qui se rappellent les exploits de leurs pères, des vieillards qui racontent à leurs enfants les hauts faits de l'héroïne ; les voyageurs viennent voir cette maison et s'inclinent. Aussi Girardin était-il plus fier de sa propriété que d'un palais. En 1817, un anglais voulut visiter cette maison.

Girardin lui en fit les honneurs avec cordialité ; il lui montra la chambre à coucher, la porte de l'étable, et la colline où saint Michel apparut à l'humble bergère. L'Anglais veut acheter cette maison. *Dialogue.* Combien? — Mais je ne veux pas vendre. — Pourquoi? — Parce que je suis Français et que je sais ce qu'était Jeanne d'Arc. — Allons donc! trois cents guinées. — Guinées! que voulez-vous dire? — Trois cents louis. — Non. — Quatre cents, cinq cents, six cents, sept cents. — Je ne vendrais pas ma maison à un français, et un anglais l'aurait ! eux qui l'ont brûlée vive! Ah si je ne me retenais ! — *Goddem! mon hami, vous hêtes iune ignorante* (1), le tribunal était composé de français, voyez les chroniques. — Les chroniques! j'y comprends autant qu'à vos guinées, sortez. — L'anglais part.

---

(1) N'allez pas répéter ces paroles burlesques.

Quelque temps après, Girardin prenait le frais sur sa porte, vers la fin d'une belle journée d'été. *Description du soir.* Un cavalier s'avance et dit : *Discours direct* dont voici la substance : « *Girardin, le roi a appris votre belle action; il ne vous envoie point d'argent, mais voici la croix d'honneur. Vous l'avez noblement gagnée; car il y a un véritable courage à mépriser la fortune.* »

N° 202. — Le plus beau jour d'Alexandre Ier.

Vers la fin de l'année 1825, Alexandre Ier, empereur de Russie, visitait la Crimée. L'aspect des immenses plaines sans habitation l'attristait. (*Petite description d'un pays à peu près désert.*) Il regretait sa capitale. Sa joie ne reparaissait qu'à la vue de ses sujets en costume asiatique (1), qui manifestaient leur reconnaissance par leurs cris et leurs gestes. Mais ce riant tableau disparaissait avec le village. Un jour, le prince arriva dans un petit village

---

(1) Le costume des paysans de la Crimée se compose pour les hommes, d'une grande robe bleue, serrée autour du corps par une ceinture rouge; pour les femmes, de robes d'étoffes des plus vives couleurs.

situé sur les bords du Dniepr. Les habitants qui ne l'attendaient point, étaient tous rassemblés à la porte d'une seule maison dont le propriétaire venait de mourir.

L'empereur fut bientôt reconnu et salué par des acclamations. Il voulut, pour témoigner la part qu'il prenait à l'affliction de son peuple, entrer dans la cabane. Il vit le mort, dont la femme, suivant les usages de l'Orient, avait lavé la tête et les mains, fermé les yeux et croisé les bras. Quelques instants avant, le défunt avait reçu les adieux à haute voix de ses parents et amis, on lui avait reproché de quitter la terre où il était si bien, d'abandonner sa femme et ses enfants. Le cercueil était prêt à recevoir le corps, avec les feuilles de genièvre et les fleurs dont on le couvre. Alexandre examine le défunt, et remarque quelques signes de vie, il fait approcher un médecin qui place un flacon sous les narines du paysan ; celui-ci respire et pendant qu'il renaît peu à peu à la vie, l'empereur console la femme, fait enlever les apprêts funèbres, et placer le pauvre homme près d'une fenêtre. L'air frais ranime le malade, qui d'une voix faible demande sa femme, derrière laquelle, par surcroît de bonté, l'empereur se tenait avec toute sa suite. Le paysan était réveillé de sa léthargie.

Alexandre sort de la chaumière comblé de bénédictions ; il disait avec émotion : *Voilà mon plus beau jour !*

N° 203. — Athènes sauvée par la Poésie.

Exposition. Lysandre, général lacédémonien, s'était emparé d'Athênes et avait résolu de la détruire ; les malheureux habitants de cette ville, venaient d'apprendre la détermination du vainqueur. *Tableau* de leur désolation.

Nœud. Déjà Lysandre, au milieu d'un joyeux festin, discute avec les principaux chefs de l'armée quel sera le mode de destruction d'Athênes. Plusieurs avis sont émis ; Lysandre applaudit au plus barbare, et l'on boit à la gloire de Lacédémone. On veut terminer le repas par des chants, on fait venir un poète. Il prélude sur sa lyre, et ses vers reproduisent les plaintes et les gémissements d'Electre. (1)

Note. (1) Electre, fille d'Agamemnon et de Clytemnestre, fut témoin de la cruauté avec laquelle sa mère, aidée d'Egisthe, avait fait périr le *roi des rois* au retour du siége dé Troie. Elle sut dérober son frère, le jeune Oreste, à la barbarie d'Egisthe. Elle fut chassée du palais et réduite à une condition misérable. Vingt ans plus tard, Electre qui n'avait cessé de déplorer la mort de son père, et d'implorer la vengeance des dieux contre

« Où aller, seule et délaissée, chassée du
« palais de mon père et réduite à être esclave,
« moi, fille d'un roi! et la mort ne termine
« pas mes douleurs. O mon père! viens me
« défendre; Dieux puissants, vengez-moi.
« Oreste, frère chéri, où es-tu? Mais c'est en
« vain que je pleure; on se rit de ma honte et
« de mes larmes, mais les dieux puniront un
« jour tant de cruauté —...

Ainsi chanta le poète. — Lysandre devient
pensif, il pleure. Les chefs lacédémoniens se
sentent attendris. On compare les malheurs
d'Electre avec ceux d'Athênes —...

Dénouement. On décide que la patrie d'Eu-
ripide sera sauvée, et cette gloire est due à la
poésie.

Egisthe et Clytemnestre, vit enfin revenir Oreste, qui, après
s'être fait connaître à elle, tua les deux coupables et recouvra
le trône de ses pères.

NARRATIONS ÉPISTOLAIRES.

PRÉCEPTES DU GENRE, tome 1er, page 269.

COMPOSITIONS.

N° 204. — L'Hospitalité Calabraise.

Exposition. Un jour je voyageais en Calabre, pays ennemi (1) et peu sûr, avec un jeune homme de vingt ans, tête écervelée, s'il en fut —... Nous étions à cheval, nous nous égarâmes, et fûmes heureux de trouver au milieu de la nuit une cabane de charbonniers, où quinze gaillards robustes attablés mangeaient et buvaient dans une chambre décorée de fusils, pistolets, haches et coutelas —...

Nœud. On nous invite à souper —... Le jeune homme accepte et mange, moi, j'étais triste —... Mon étourdi, échauffé par le vin, a bientôt dit que nous étions français, (l'impru-

---

(1) Le narrateur était officier d'artillerie, et la France était alors en guerre avec la Calabre.

dent.) qu'il avait de l'argent et qu'il voulait avoir sa valise pour traversin —... Pour dormir on nous fait monter dans une chambre par une échelle, cette chambre était une soupente, ses poutres étaient garnies de provisions —... Mon compagnon s'endort; moi je veille inquiet —... Vers le jour j'entends du bruit; le charbonnier demande à sa femme *s'il faut les tuer tous deux.* Sur la réponse affirmative, ma crainte est à son comble —... Deux presque sans armes contre quinze armés jusqu'aux dents! —... Déjà on monte par l'échelle, la femme éclaire l'horrible charbonnier, en lui disant: *doucement* —... L'hôte, un couteau entre ses dents, s'avance près du lit, et coupe...

Dénouement. Un des jambons du plancher —... Le jour vient; on nous appelle —... On nous sert un excellent déjeuner où figuraient deux chapons, et qui m'expliquèrent enfin les mots : *faut-il les tuer tous deux ?*

Nº 205. — Traits de Présence d'esprit.

J'ai visité hier l'hospice des aliénés de Glascow. Le médecin en chef de cet établissement venait de mourir. C'était un homme qui aimait son art avec passion, et qui, s'étant dévoué à traiter les aliénés, se plaisait à causer familiè- rement avec eux —...

Un jour les fous lui firent des plaintes sur la soupe ; il alla à la cuisine avec eux —... Une grande marmite était en ébullition —... Docteur, dit le plus fort des fous, quelle bonne soupe vous feriez, gras comme vous êtes —... On va le jeter dans la marmite —... Mes amis, attendez, dit le docteur, que j'ôte mes habits qui gâteraient le bouillon —...

On le laissa faire, et il s'esquiva —...

Cette histoire en rappelle une autre —... Dans une ville de France l'hospice des aliénés est orné d'un belvédère —... Un fou guéri était chargé de guider les étrangers à la tour —...

Il y accompagne un jour un petit vieil- lard — Arrivé au sommet, il est saisi d'un accès, et prenant au collet l'étranger il lui dit qu'il va le faire sauter en bas, pour savoir combien de temps il restera à descendre —... Sans se déconcerter, le vieillard lui répond que cela ne serait pas assez curieux, et qu'il va à l'instant sauter d'en bas sur la terrasse —...

Le fou le croit, et laisse descendre le vieil- lard —...

N° 206. — Mort de Turenne.

Le samedi après dîner, à deux heures, Turenne monte à cheval, pour aller visiter une hauteur. Il était accompagné d'une suite nombreuse, de M. d'Elbeuf, son neveu, il fit arrêter tout ce monde à trente pas de la colline, et dit à son neveu de ne pas tant tourner autour de lui. —

M. d'Hamilton lui fit observer qu'on tirerait du côté où il allait et l'entraîna ailleurs —... M. de St-Hilaire vint le prier de visiter une batterie —... Turenne se retourna, et c'est à ce moment qu'il fut frappé par un boulet qui emporta le bras que M. de St-Hilaire tenait étendu —... Turenne tomba sur l'arçon de la selle, et ainsi penché, fut emporté par son cheval près de son neveu —...

Là, il expire —...

N° 207. — Le prix du Portrait.

Note. Le chevalier de Boufflers voyageait en Suisse, et se faisait passer pour peintre de portraits. Il raconte à sa mère la discussion qu'il eut au sujet du prix d'un de ses ouvrages.

Il alla chez une vieille dame, pour la prier de lui trouver de l'ouvrage. — Son mari voulut qu'il la peignît, et qu'il s'installât dans la maison —... Le portrait était bien fait, il s'agissait de le payer —...

NOEUD EN DIALOGUE.

Le mari. — Combien?

Le chevalier. — Voyez vous-même.

Le mari. — Demandez toujours.

Le chevalier. — Je me contenterai de ce que vous me donnerez. J'ai été si bien traité par vous!

Le mari. — J'ai fait moins que vous ne méritez.

Le chevalier. — Si j'étais plus familier avec vous, je vous ferais présent du portrait. Le pays n'est pas riche, donnez peu.

Le mari. — Je vais donc essayer de m'acquitter.

Et le pauvre homme va prendre à son bureau une poignée d'argent —... Le chevalier se récrie que c'est beaucoup trop; il ne prend que douze livres et dit au mari qu'il fera son portrait pardessus le marché —... Etonnement de ces braves gens. —

Le chevalier termine sa lettre en disant à sa mère qu'il leur rendra en partant leurs douze livres.

N° 208. — Le jeune Prédicateur.

Une dame raconte que la veille elle a assisté au service funèbre du chancelier Séguier. *Description* du mausolée, élevé au milieu de l'église. — Il touchait à la voûte; en bas quatre squelettes, portant les insignes des dignités du défunt; plus haut les quatre arts libéraux pleurant leur protecteur; au-dessus quatre vertus, enfin dans le haut quatre anges qui recevaient l'âme du chancelier —...

Un jeune père de l'Oratoire vient pour prononcer l'oraison funèbre —... Tout le monde craint qu'il ne soit point à la hauteur de son sujet —... Mme de Darne placée à côté du célèbre Mascaron, lui dit d'aller prendre la place de ce jeune homme —... Le prédicateur commence d'une voix tremblante —... Peu à peu il sort de son trouble, il s'anime, puis remplissant tous ses devoirs d'orateur, il fait avec le plus rare bonheur l'éloge du chancelier —...

Tout le monde en est content ; on augure qu'il surpassera Mascaron (1) —...

Note. (1) Ce jeune prédicateur était le père Vincent Léna, nommé aussi le père Lainé. La prédiction de l'écrivain ne s'est point réalisée ; car le père Léna ne put, à cause de sa mauvaise santé, continuer la prédication, et mourut à la fleur de son âge.

N° 209. — Le Passementier.

Un passementier était taxé à dix écus d'impôt —... Il ne pouvait les payer —...

On le poursuit, on le saisit, on vend son mobilier ; désespéré, il tue trois de ses enfants, sa femme s'enfuit avec le quatrième —...

Le pauvre homme est emprisonné et condamné à être pendu —...

N° 210. — Une Nuit dans l'Auberge de la Forêt.

Il y a un mois, j'étais en route avec mon ambassadeur, nous nous rendions à notre poste —..... Un orage nous surprend ; nous nous arrêtons dans une auberge isolée au milieu d'une forêt —...

Cette auberge était pleine ; pourtant l'ambassadeur put avoir un lit, mais moi, je devais passer la nuit sur une chaise —... Brisé par la fatigue, j'allai dire que je donnerais bien un louis pour dormir dans un lit —... Quand tout le monde fut retiré, une servante, alléchée par la récompense du louis, vint me proposer un lit, et me conduisit dans une belle chambre, dont le lit me parut délicieux, je payai —... Resté seul, et ayant l'habitude de refaire mon lit, je plonge la main dans la paillasse, et je trouve... un cadavre ! —... Je m'évanouis —... En sortant de mon évanouissement, j'aperçois de la lumière par les fentes d'une porte, et j'entends des personnes qui murmurent à voix basse —... Je reviens au lit pour vérifier ce qui me semblait un songe —... C'était la réalité —... Je veux sortir, impossible ! la porte est fermée, la fenêtre barricadée —... Je prie Dieu —... Le jour vient, et apercevant ma clef sur un meuble, je sors, j'éveille l'ambassadeur, et nous nous éloignons de ces lieux maudits —... J'étais silencieux dans la voiture, l'ambassadeur me regarde surpris et me dit que j'ai les cheveux tout blancs —... Je lui conte mon aventure —... Arrivés à la ville voisine, nous faisons une déclaration, et la police vient avec nous sur le théâtre du crime —... On arrête tout le monde, la servante s'était cachée dans un grenier —...

Elle vient et veut me rendre mon louis. —...
Petit dialogue entre le narrateur et la servante.

Alors, la maîtresse explique qu'un juif était mort la veille, et déposé sur ce lit —... Pour gagner un louis, la servante l'aura caché dans la paillasse —... Les murmures entendus dans la chambre voisine étaient les prières des morts —... Tout cela était vrai —...

N° 211. — Le Soldat obéissant.

Un fusilier travaillait à la tranchée et venait d'y déposer un gabion —...

Le gabion est emporté par un coup de canon —... Deux autres gabions ont le même sort —... Le soldat ne travaille plus —... Un officier lui ordonne de placer un quatrième gabion —... Le fusilier répond qu'il sera tué et obéit —... Vient un boulet qui lui fracasse le bras —... Il regarde l'officier et lui montrant son bras pendant, il s'écrie : *Je l'avais bien dit* —...

On lui amputa le bras, et ce brave homme demanda à être pensionné —...

NARRATIONS LEGENDES.

☞ PRÉCEPTES DU GENRE, tome 1ᵉʳ, page 270.

COMPOSITIONS.

N° 212. — La Couronne de Marie.

Une jeune femme avait élevé un petit autel à Marie, au fond d'une vallée solitaire —... elle allait tous les jours déposer sur la tête de la madone, une couronne des plus belles fleurs de la vallée —... Elle avait appris à son fils, dès la plus tendre enfance, à honorer ainsi Marie, et quand l'enfant fut grand, c'est lui qui allait porter la couronne nouvelle sur l'humble autel —... plein d'innocence, de joie et de céleste amour —...

Un jour vint où il fallut quitter la maison maternelle pour aller en pension —... Ce jour là la couronne de Marie ne fut pas renouvelée et l'enfant fut triste —... Il porta ses douleurs au sein du pensionnat —... Le directeur du pensionnat, vieillard à cheveux blancs, sut la cause de la douleur du jeune homme ; et, en le consolant paternellement, il lui donna un rosaire, cette couronne mystique toujours fraîche, pour qu'il l'offrît tous les matins à la reine des anges —.˙. Ainsi fit le pieux écolier —... Or, il arriva que le vieillard et l'écolier, traversant un jour une forêt, s'égarèrent au milieu des ténèbres et furent sur le point de tomber entre les mains des voleurs —... Le jeune homme eut peur et dit : *Je vous salue, Marie* —... Aussitôt une clàrté céleste dirigea leurs pas, et tous deux, en effeuillant la couronne mystique, arrivèrent en lieu sûr —... Alors ils prièrent —...

En ce moment, une femme entourée d'un groupe d'anges, descendit sur eux —... Elle toucha le front de son jeune serviteur, prit le rosaire qui se changea en couronne de roses, et l'emporta dans les cieux —...

N° 215. — La Jeune Fille et sa Mère.

Une jeune fille et sa mère avancée en âge, travaillaient pendant une nuit d'hiver, à la lueur d'une lampe et à la *froide chaleur* d'un petit brasier —...

La jeune fille dit doucement : Ma mère, vous

n'avez pas toujours été pauvre —... **Ma fille,
Dieu est le maître** —... **Il m'a enlevé votre
père, je fus inconsolable, mais vous me res-
tiez** —... La jeune fille pleurait —... **La mère
reprit : Nous avons peu, mais nous travaillons,
d'autres manquent de pain; d'ailleurs, avec
vous, pourrais-je me plaindre** —... Et la jeune
fille embrassait sa mère —... **Ecoutez, ma fille,**
reprit encore la mère, **tout passe ici-bas, un
monde meilleur nous attend** —... **Quand je
vous portais dans mon sein, la vierge Marie
m'apparut et déposa entre mes bras un enfant couronné de roses blanches** —... C'était
vous —...

L'hiver n'était pas fini, que la fille et la
mère moururent dans les bras l'une de l'autre —... et l'on vit deux formes lumineuses
s'élever dans les airs au milieu des cantiques
des anges —...

N° 214. — Le Trépas d'Amour.

A une époque de foi où les pélerinages
étaient en honneur parmi les chrétiens, un
jeune gentilhomme entreprend un pélerinage
à Jérusalem, pour y visiter les lieux témoins
des grands mystères de la vie du Sauveur —...

...Il parcourut successivement Nazareth, Bethléem, Bethanie; il n'oublie pas le Jourdain, le désert, le Thabor, puis il suit jusqu'au calvaire la voie douloureuse —... Il descend dans le sépulcre, gravit la montagne des Oliviers, d'où Jésus s'éleva dans les cieux —... Là, pénétré de douleur, et ne sachant, après avoir suivi pas à pas Jésus, en quels lieux aller sur la terre, il pousse des soupirs d'amour vers le ciel —...

Il meurt, on ouvre son corps, et l'on voit ces paroles écrites sur son cœur : *Jésus, mon amour* —...

Avis. Dans le nœud vous ne ferez pas la description des lieux saints, mais vous aurez soin de dire quels souvenirs de la vie du Sauveur ils rappellent.

N° 215. — Le Jugement de Dieu.

Rébecca, jeune fille juive, était condamnée à mort, comme sorcière, par suite d'une accusation portée contre elle par Bois-Guilbert, mais elle pourrait échapper au supplice, si un chevalier venait combattre pour sa cause —... Personne ne se présentait —... Tout-à-coup on voit dans le lointain accourir un champion —... mais ce cavalier paraissait blessé, et son cheval était harrassé de fatigue —...

Qui êtes-vous ? demande le héraut d'armes —... Je suis noble et chevalier, et je viens combattre pour Rébecca à outrance avec l'aide de Dieu et de Notre-Dame —... Malvoisin, un des chevaliers présents, s'oppose à ce qu'on admette un inconnu à l'honneur du combat —... Eh bien ! dit le chevalier blessé, je suis Wilfrid d'Ivanhoé —... Je ne te combattrai point, dit à son tour Bois-Guilbert, tu es blessé, et ton cheval est mauvais —... Orgueilleux, je t'ai déjà vaincu au tournoi d'Acre et à la passe d'armes d'Ashby, si tu refuses le combat, je t'appellerai lâche à la face de l'univers —... Alors je vais combattre —... Ivanhoé demande d'abord au grand-maître, ensuite à Rébecca la permission de combattre, puis se place dans la lice —... Bois-Guilbert, de pâle qu'il était, devient rouge, et se place aussi —... Le héraut donne le signal, le grand-maître jette dans l'arène le gant de Rébecca, et le combat commence —... Au premier coup de lance, Ivanhoé tombe avec son cheval —... Bois Guilbert à peine touché en fait autant —..... Ivanhoé se relève et l'épée à la main, fond sur Bois Guilbert, en lui criant de se rendre —... Le grand-maître s'écrie, que Bois Guilbert est vaincu —...

On s'avance près du chevalier étendu immobile et silencieux, on détache son casque ; sa figure est pâle et ses yeux éteints —... Il était mort d'un accès de colère ; tout le monde reconnaît là le jugement de Dieu —...

N° 216. — Le Chasseur des Alpes.

Une femme de Val-Rosa tâchait de retenir à la maison son fils prêt à partir pour la chasse périlleuse du chamois —...

La mère dit : « Pourquoi partir ? —... Tu « dédaignes maintenant nos agneaux —... Tu « méprises les fleurs que tu aimais tant —... « Tu vas dans des routes inconnues et semées « de précipices —... Reste ici, mon fils, ton « père est mort dans les glaciers » —... Le chasseur calme sa mère et annonce son retour pour le soir —... La mère alarmée voit un corbeau, et ses craintes en augmentent —... La nuit vient —...

Le chasseur ne paraît pas —... et la pauvre mère meurt de douleur au point du jour suivant —... Depuis, sur le bord du précipice, un fantôme avertit les passants de rebrousser chemin —...

AVIS. Vous suivrez pour cette narration la *disposition dra-*

matique en commençant par *le nœud*, c'est-à-dire par l'allocution de la mère. *L'exposition* viendra immédiatement après, et vous achèverez *le nœud*, comme dans la *disposition* ordinaire.

N° 217. — Mathilde de Tellis.

Vers le milieu du quatorzième siècle, vivaient à Berne, deux bourgeois qui se haïssaient cordialement ; l'un, Jorg de Tellis, déjà vieux, était père d'une jeune fille nommée Mathilde ; l'autre, dans l'âge mûr, homme vaillant, se nommait Pierre de Kœpf —...

Vint un moment où l'on crut que leur haîne allait finir, car Kœpf avait demandé Mathilde en mariage ; mais il fut refusé du père et de la fille —... Peu après fut tué un banneret de Berne —... Kœpf accusa Tellis de ce meurtre —... Le vieillard troublé par cette accusation devint paralytique —... Le procès s'instruisit —... Quand Mathilde vit cela, et qu'on n'apportait contre son père que des suppositions au lieu de preuves, elle demanda *le jugement de la bataille*, c'est-à-dire, qu'elle s'offrit à combattre, elle, jeune fille, contre l'accusateur de son père, suivant la coutume de ces temps —... Le juge prit le papier qui contenait sa plainte, et Kœpf, soutenant vraie son accusation, on les mit tous deux en prison, quand ils se furent jetés leurs gants —... On trouva à grande peine une armure de chevalier allant à la taille de Mathilde —... Arrivée au lieu du combat, elle voulut combatttre à pied —... Elle était calme, Kœpf était pâle et confus —..... Les deux combattants s'agenouillèrent à côté l'un de l'autre, déclinèrent aux juges leurs noms de baptême, confessèrent la sainte Trinité et la sainte Eglise, et se répétèrent à la face leur accusation —... Puis, ils allèrent se placer, Mathilde, encouragée par le peuple, à l'orient, Kœpf, chancelant, à l'occident —... La première pria —... Le second fit semblant —... *Description* du combat, tel qu'on peut l'imaginer entre une jeune fille et un homme de quarante ans, Ma_ thilde échappait par son agilité et son sang-froid, aux terribles coups du farouche guerrier —... Enfin, elle reçut un grand coup sur la tête, et tomba, puis elle se releva sur ses genoux —... Kœpf s'approcha pour l'achever; mais elle, saisissant habilement le défaut de la cuirasse sous le bras, lui plongea la pointe de son épée jusqu'au cou —... Il tomba —...

Mathilde s'approcha alors, défit le casque du vaincu, et lui dit de se reconnaître félon et calomniateur —... Kœpf avoua qu'il avait tué le banneret, et qu'il était vaincu par Dieu ainsi qu'un ange le lui avait annoncé dans sa prison —... Kœpf fut mis à mort par le bourreau avec tous les faux témoins qu'il avait subornés —...

N° 218. — Les Armaillis.

Autrefois, les Armaillis, ou bergers de la montagne, ne gardaient leurs vaches que pendant le jour —... Il leur suffisait de les confier *aux esprits et aux fées*, en leur offrant le soir sans manquer (autrement il y avait tapage nocturne), un peu de lait, de la main gauche —...

Maintenant, il faut garder les troupeaux pendant la nuit, depuis qu'un soir quelque fou eut offert de la boue au lieu du lait —... La guerre se déclara entre les Armaillis et les *esprits*; ceux-ci se réfugièrent dans les chamois, qui, traqués de toutes parts, furent forcés de fuir —... Mais ils prennent leurs revanches pendant les nuits, précipitent les avalanches sur les troupeaux, et dirigent les tempêtes sur les chalets —... Quelquefois ils sont bien attrapés, quand on prie, par exemple —...

Un jour ils voient un beau chalet tout neuf, ils vont trouver l'orage pour qu'il le renverse —... L'orage accourt, mais il est obligé de s'arrêter devant une croix et les noms de Jésus et de Marie —...

Alors, les vents, ne pouvant seulement pousser la fumée du chalet, se retournent contre les esprits et les brisent contre les rochers —... Le lendemain, on vit un nuage noir, formé de leurs plumes, s'enfuir à l'horizon —...

N° 219. — Notre-Dame du Passant.

Dans un recoin ignoré du canton d'Unterwald (Suisse), au milieu d'un étroit sentier, bordé de chaque côté d'un affreux précipice, est un petit oratoire, dédié à *Notre-Dame du Passant* —... Autrefois, ce lieu était célèbre par des accidents de toute sorte ; car c'était la demeure des démons —... Il était maudit —...

On imagina d'y placer une image de la sainte Vierge —... Quelques ouvriers pieux se présentèrent pour aller bâtir l'oratoire —...

Maintenant, le lieu est sûr —... Tous les passants sont préservés des dangers de la route —...

(Petite invocation à Notre-Dame du Passant.)

N° 220. — Le Mont Pilate.

Au pied d'une montagne de la Suisse, nommée Pilate, est un lac obscur que le soleil n'éclaire jamais —... C'est là que Pilate, le persécuteur de Jésus-Christ, est enterré —...

Si on y jette une pierre, ou tout autre chose, Pilate ressuscite pour un moment et tue le voyageur —... Voici l'histoire —...

Après la mort de Jésus-Christ, Pilate accablé de remords, s'enfuit de Judée et se réfugia à Rome, où, ne pouvant supporter la vie, il se tua —... On ne put l'enterrer, la terre le rejeta —... On le jeta à l'eau, le Tibre devint furieux —... On le transporta en France, à Vienne, près Lyon; la montagne se chargea d'affreuses tempêtes —... On le jeta dans le Rhône, dont les ondes s'agitèrent avec une telle violence, qu'on fut obligé d'envoyer le cadavre maudit à Lausanne —... Cette ville fut horriblement tourmentée, et enfin, Charlemagne le fit transporter dans le sein d'une montagne déserte —... Là, Pilate fut plus intraitable encore, le démon lui amena Hérode, Caïphe et Judas, et tous les traîtres déicides —... Ils faisaient un vacarme horrible et tuaient tous les passants —...

Enfin, un moine vint à la montagne et l'exorcisa —... Pilate trembla et fut vaincu —... Il se précipita dans le lac, d'où il ne sort plus qu'une fois par an et en costume de magistrat —... Celui qui le voit, meurt dans l'année —... Celui qui trouble son repos est aussi puni —...

Soyez sans péché pour visiter le lac Pilate —...

N° 221. — Saint Meinrad.

Au temps de Charlemagne, Meinrad, fils du prince Berthold Hohenzollern, se fit bénédictin —... C'était un prodige de science et de piété —... Craignant l'éclat et les honneurs, il se retira seul dans une montagne —...

Le monde l'y suivit, riches et pauvres venaient le consulter —... Meinrad, trop interrompu dans ses méditations et ses prières, s'en alla dans un bois qu'on appelait *La forêt sombre* —... On sut l'y découvrir —... Se résignant alors à sa destinée, Meinrad reçut les bons pèlerins, construisit un oratoire à Notre-Dame (1) et implora sa protection sur les visi-

---

(1) L'humble oratoire bâti par saint Meinrad est devenu la belle église de Notre-Dame-des-Ermites, en Suisse.

teurs —... Un soir qu'il allait prier dans l'humble chapelle, un religieux qui l'avait suivi, vit un petit enfant qui récitait l'office avec lui —... Cette vie dura 33 ans —... Deux misérables, croyant trouver sa cellule pleine de trésors, vinrent pour l'assassiner —... Il devina leur projet, et leur dit qu'ils auraient dû venir plus tôt pour assister à sa messe, leur donna sa bénédiction et leur recommanda d'allumer deux flambeaux après sa mort et de s'enfuir au plus vite —...

Et ces hommes affreux le tuèrent —... On les poursuivit ; deux corbeaux s'acharnant à leur poursuite décelèrent leur retraite —... Ils avouèrent leur crime et dirent qu'ayant oublié d'allumer les flambeaux, ils s'étaient allumés d'eux-mêmes—.. Le jour de l'exécution de ces misérables, les deux corbeaux planaient au-dessus de l'échafaud.

DÉCOMPOSITIONS.

☞ LE MODÈLE, tome 1er., page 273.

N° 222. — Mort de Polyphonte.

La victime était prête et de fleurs couronnée ;
L'autel étincelait des flambeaux d'hyménée ;

Polyphonte, l'œil fixe et d'un front inhumain,
Présentait à Mérope une odieuse main ;
Le prêtre prononçait les paroles sacrées,
Et la reine, au milieu des femmes éplorées,
S'avançant tristement, tremblante entre mes bras,
Au lieu de l'hyménée invoquait le trépas.
Le peuple observait tout dans un profond silence.
Dans l'enceinte sacrée en ce moment s'avance
Un jeune homme, un héros semblable aux immortels,
Il court : c'était Egysthe ; il s'avance aux autels,
Il monte. Il y saisit d'une main assurée,
Pour les fêtes des dieux la hache préparée.
Les éclairs sont moins prompts ; je l'ai vu de mes yeux,
Je l'ai vu qui frappait ce monstre audacieux ;
« Meurs, tyran, disait-il ; dieux, prenez vos victimes. »
Erox, qui de son maître a servi tous les crimes
Erox, qui dans son sang voit ce monstre nager,
Lève une main hardie et pense le venger.
Egysthe se détourne enflammé de furie,
A côté de son maître il le jette sans vie.
Le tyran se relève et blesse le héros ;
De leur sang confondu j'ai vu couler les flots.
Déjà la garde accourt avec des cris de rage.
Sa mère, ah ! que l'amour inspire de courage !
Quel transport animait ses efforts et ses pas !
Sa mère... elle s'avance au milieu des soldats :
« C'est mon fils, arrêtez, cessez, troupe inhumaine !
« C'est mon fils, déchirez sa mère et votre reine,
« Ce sein qui l'a nourri, ce flanc qui l'a porté. »
A ce cri douloureux le peuple est agité.
Un gros de nos amis que son danger excite
Entre elle et les soldats vole et se précipite.
Vous eussiez vu soudain les autels renversés,
Dans des ruisseaux de sang les débris dispersés,

> Les enfants écrasés dans les bras de leurs mères,
> Les frères méconnus égorgés par leurs frères,
> Soldats, prêtres, amis, l'un sur l'autre expirants;
> On marche, on est porté sur les corps des mourants.
> On veut fuir on revient et la foule pressée
> D'un bout du temple à l'autre est vingt fois repoussée.
> De ses flots confondus le flux impétueux
> Roule et dérobe Egysthe et la reine à mes yeux.

VOLTAIRE.

AVIS. *Forme.* Trouvez-vous l'exposition grave? Le commencement du nœud n'est-il pas imposant? Détaillez quelques figures dans les vers commençant à : *Dans l'enceinte sacrée* jusqu'à *vole et se précipite.* Vous trouverez sans doute quelques négligences et des répétitions oiseuses; ne les ménagez pas. Découvrez une belle inversion de pensées; il vous faudra chercher peut-être; vous savez que c'est un des secrets du style.

Fond. A quel genre appartient cette narration ? Considérez là sous le rapport de l'invention et de la disposition. Où commencent le nœud et le dénouement? Réduisez le récit à quelques phrases.

Nº 225. — Mort d'Œdipe.

Après plusieurs jours de marche incertaine; Œdipe et sa pieuse fille parvinrent au pied du Cythéron. Cette montagne est traversée par trois routes également fréquentées : l'une conduit aux vignes célèbres de la Phocide, et s'élève par une pente insensible, jusqu'aux deux cîmes du Parnasse qui fendent les nues. L'autre aboutit à la ville d'Epire, que le vertueux Sisyphe bâtit entre deux mers ; enfin la troisième descend jusque sur les frontières de l'Elide, où elle continue de serpenter le long des rives fraîches et riantes de l'Alphée.

Les deux exilés suivent la seconde route et s'arrêtent au point où elle est coupée par les deux autres. C'est là qu'avait été commis le meurtre de Laïus « Ah! malheur à moi, s'écrie à l'instant Œdipe, malheur à moi d'avoir été si longtemps sans m'inquiéter de savoir qui était cet inconnu que j'immolai avec tant de fureur! Hélas! je revenais de Delphes, où j'étais allé consulter l'oracle; je ne voulus pas retourner à Corinthe, que je croyais être ma patrie. Je me dirigeai du côté de Thèbes. Ma fille, le chemin n'est-il pas étroit? ne tourne-t-il pas rapidement? n'y a-t-il pas un précipice à ma droite et un rocher menaçant à ma gauche? Un torrent ne roule-t-il pas au fond de l'abîme ses ondes tumultueuses? je l'entends gronder, j'entends aussi la source qui était alors consacrée aux Muses, et qui maintenant est chère aux Euménides. Ma fille, conduis-moi sous les deux chênes qui prêtent à la Naïade une ombre hospitalière. Il me semble les voir: le ciel était tout en feu ce jour là; les branches des deux chênes pliaient sous l'effort de la tempête; le torrent produisait un bruit tout semblable aux gémissements confus de mille mourants qui exhalent leurs dernières plaintes sur un champ de bataille. Pourquoi résistai-je à de si funestes présages? pourquoi vis-je sans terreur le rapide roi des airs, l'aigle frappé de la foudre, tomber à mes pieds? pourquoi refusai-je de croire à tous les pressentiments que les dieux faisaient naître dans mon âme !

« Lumière du soleil, que n'étais-je alors privé de tes bienfaits! Que n'étais-je alors aveugle comme à présent !

Antigone, tremblante aux discours d'OEdipe, se hâtait de répondre à toutes ses questions. « Oui mon père, disait-elle, un torrent roule au fond de l'abîme ses ondes tumultueuses; un précipice est à votre droite, un rocher menaçant à votre gauche. Nous voici près des deux chênes, ils protégent de leur ombre une fontaine qui s'écoule en filets d'argent; le chemin tourne avec rapidité, et au bout de l'horizon, je vois les remparts de Thèbes. — Tu vois la ville de Cadmus, ô ma fille ! je la voyais aussi ; et j'étais loin de croire que j'allais m'emparer de sa fatale couronne. Eh bien ! arrêtons-nous. C'est ici ! oui, c'est ici, je le sens ! Dis-moi, l'ombre de Laïus n'est-elle pas assise sur le rocher? — Non, répondit Antigone, l'ombre de Laïus n'est point assise sur le rocher. — Ah ! je la vois? reprenait OEdipe, je la vois! grande, terrible ! une large blessure ; des torrents de sang qui en découlent, ses gardes fuient, il est étendu sur son char; ses mains défaillantes abandonnent les rènes ; un son qui se forme en vain dans sa poitrine et qui ne peut devenir une parole articulée sur ses lèvres mourantes... Dieux ! il a reconnu son fils, visage auguste, pourquoi es-tu sur moi? tes yeux lancent des éclairs. Toutes mes pensées se troublent. Ombre vénérable, si tu n'es pas vengée par cet excès d'infortune et de misère où je me suis précipité, sois-le du moins par tout ce que je souffre dans cet instant. Laisse tomber un regard sur mon Antigone. Elle est innocente et elle implore mon pardon. Mon Antigone, viens sur mon sein, entoure-moi de tes bras, fille chérie, je me mets sous ta protection. Ah! prie pour moi le ciel, prie le grand Jupiter, prie les Muses, consolatrices des hommes! terribles Euménides, laissez-moi! nulle puissance ne vous est donnée sur la vertu douce et modeste ; et Antigone m'entoure de ses embrassements. Je sens ses larmes qui inondent ma poitrine. Ses lèvres pressent sur mon front mes cheveux blanchis avant lé temps. »

Ainsi disait OEdipe. Antigone consolait son père par de douces paroles ; mais lorsqu'enfin il n'a plus que la mort devant lui son trouble s'appaise , et, d'une voix pleine de tendresse : « Ma fille, dit-il, tu vois en moi une victime destinée au sacrifice. Mon heure suprême est arrivée , je ne sais comment s'accomplira ce dernier acte de la justice des dieux ; mais enfin je vais mourir, ma fille , coupe sur mon front une boucle de mes cheveux et tu la placeras sur la tombe de l'infortunée à qui tu dois le jour , tu feras des libations de lait et de miel sur cette tombe solitaire qui est restée sans honneur. Ah! c'est la première fois qu'une reine , qu'une épouse , qu'une mère a été ainsi déposée sans pompe , et comme à la dérobée, dans le sein de la terre. Ma fille, rien ne pourra t'empêcher de remplir ce pieux devoir, la mort aura tout purifié. » Après un long silence, il ajouta : « Je vais mourir! à cet instant solennel , je sens à la fois la puissance de la vie et la puissance de la mort. La vie n'a plus rien à m'apprendre; la mort commence à m'instruire. Clarté du jour, tu ne luis plus à mes yeux ; mais une autre clarté luit à mon intelligence.

Demeures fortunées, ouvrez-vous pour recevoir celui qui deux fois fut appelé au rang suprême, tant son front était fait pour le bandeau royal! ouvrez-vous pour recevoir l'homme qui connut toutes les misères! et toi, Antigone, fille courageuse et magnanime implore de nouveau la clémence des dieux immortels; et puissent mes derniers sentiments et mes dernières pensées, en se reposant sur toi, te rendre un objet sacré! mais tu as encore un service à me rendre. Pendant que je me purifierai dans la fontaine, va me chercher une brebis noire, je l'immolerai aux déités infernales. »

Antigone, plus légère que le chevreuil, s'élance dans la vallée, et court demander à un pâtre la victime que désire son père. « A présent, lui dit Œdipe, retire-toi. » Antigone se jeta à ses pieds. « O ma fille, lui dit le roi, je te laisse seule sur la terre; je ne puis te confier à tes frères barbares. Tu ne trouveras d'appui qu'en toi-même, dans ton innocence et ta vertu. Antigone, tu iras trouver Thésée. Le héros d'Athènes est désigné par les dieux pour protéger les nobles projets que tu pourras encore former. Il se souviendra de l'hospitalité qui nous unit. Ma fille, rends-toi dans l'illustre cité de Minerve, avec le rameau des suppliants ; car il faut toujours se conformer à sa fortune. »

La vierge, baignant de larmes les genoux du roi, n'entend qu'à peine les dernières paroles d'OEdipe, elle ne songe qu'au triste sort de ses frères. Sa propre misère et son délaissement l'occupent bien moins que les malheurs dont ils sont menacés ; elle voudrait détourner les funestes effets de la malédiction paternelle. « Mon père, s'écriait-elle, avant que de mourir, pardonnez à mes frères, les dieux, n'en doutez pas, ferment l'oreille aux vœux de la bonté et de l'amour, lorsque ces vœux n'embrassent pas tous les enfants. Ah ! pardonnez à mes frères pour que le malheur cesse de s'appesantir sur moi-même.

Ma fille, reprend OEdipe, pourquoi parler ainsi ? âme sublime d'Antigone, que t'importe ou le bonheur ou le malheur ? n'auras-tu pas toujours la paix de la conscience, les louanges des hommes et l'amour des dieux ! va, ma fille, je t'ai devinée, tu n'as parlé de toi qu'à cause de mes malheureux fils. Hélas ! c'est à eux maintenant que tu vas te consacrer, un seul sentiment aura donc rempli tes jours ! ta vie entière n'aura été qu'une vie de dévouement et de sacrifice. Non, tant de vertu ne restera pas sans récompense ; ma fille, crois en les paroles d'OEdipe qui va mourir ; adieu. »

Antigone s'éloigne en pleurant. Bientôt elle entend un bruit effroyable, le jour paraît s'éteindre ; seulement quelques éclairs rares, mais prolongés, traversent l'obscurité profonde ; les sommets du Parnasse, les cîmes de l'Hélicon semblent jeter des flammes. Le torrent de la vallée rend un gémissement pareil à celui dont OEdipe venait de parler ; tout-à-coup, retentit au loin comme le roulement d'un char qui se précipite du haut d'une montagne dans le fond d'un ravin, où il arrive brisé. Antigone se retourne, le cœur serré de mille angoisses, et elle voit, entre les deux chênes embrasés, le malheureux roi de Thèbes, le visage couvert d'un long voile, tenant d'une main le couteau sacré, et de l'autre la patère pleine du sang de la victime. L'auguste misérable est entouré d'une lumière dont la vierge ne peut soutenir tout l'éclat, et qui s'éteint aussitôt ; alors, d'épaisses ténèbres lui dérobent la vue de son père, et, du sein de ces ténèbres mystérieuses, sort ce dernier cri : « Hélas ! hélas ! adieu ma fille ! » A l'instant même renaît la clarté du jour. Antigone s'approche en tremblant, mais elle ne trouve que la brebis égorgée ; il ne restait plus rien d'OEdipe. Ainsi disparut de la terre le fils de Laïus ; fut-il consumé par la foudre? fut-il englouti dans un abîme? fut-il enlevé vivant dans l'Olympe? les dieux se sont réservé ce secret.

La généreuse fille d'OEdipe, restée seule, partagée entre l'étonnement et la douleur, chercha trois jours entiers le corps de son père, pour lui rendre les honneurs de la sépulture. Les chênes embrasés brûlaient encore. Elle ne foulait qu'avec terreur ce lieu consacré par le jugement des dieux. A la fin, excédée de fatigue, elle se réfugie dans la modeste demeure d'un vieux pasteur, en attendant qu'elle puisse exécuter les dernières volontés de son père et se rendre à la cour de Thésée.

BALLANCHE fils.

Avis. Voilà une narration un peu longue ; il ne faut pas songer à donner la même étendue à votre analyse, ce qui serait très facile parce que ce morceau est un des plus beaux que l'on connaisse. Il faudra au contraire vous restreindre beaucoup.

Forme. Vous ne ferez aucune attention aux tropes, car vous avez sous les yeux moins une narration qu'une suite de mouvements oratoires. Vous vous attacherez donc uniquement à découvrir les figures de pensées : l'imprécation, l'exclamation, l'interrogation, l'apostrophe, la prosopopée, la déprécation, l'obsécration, l'optation, telles sont les figures principales que vous ferez remarquer. Vous vous arrêterez à ces mots : *la puissance de la vie et la puissance de la mort*, vous direz quelle figure ils renferment et pourquoi l'auteur a préféré la répétition de l'expression : *puissance*, à toute autre expression équivalente, comme : *pouvoir*, *force*, etc. Que voyez-vous dans les mots : *l'auguste misérable ?* Ne trouvez-vous pas le dénouement un peu précipité ? n'auriez-vous pas aimé qu'Antigone restât quelque temps à chercher son père ? cela n'aurait-il pas préparé l'esprit à la disparition d'OEdipe.

Fond. Quel genre réclame cette narration, où commence, où finit le nœud ? Le dénouement est-il suffisamment préparé; enfin, mettez le récit en quelques lignes, en supprimant tous les discours d'OEdipe.

EXHORTATIONS et HARANGUES.

☞ PRÉCEPTES DU GENRE, tome 1ᵉʳ, page 298.

COMPOSITIONS.

N° 224. — Fénélon au Duc de Bourgogne.

NOTE. Fénélon vient d'être disgracié; on lui a ordonné de quitter la cour et de se retirer dans son diocèse; cet ordre lui a été donné parce qu'on a des doutes sur la pureté de sa foi. Le prélat ne veut point quitter son royal élève, le duc de Bourgogne, sans lui faire ses adieux ; il sait que le jeune prince l'aime, et est sensiblement affligé de son départ. Il lui fait demander un entretien secret, et lui tient l'allocution dont voici le sommaire :

—

Il annonce son départ, et remercie le duc de l'affection qu'il lui témoigne. Peut-être le roi n'aurait-il point voulu que cette entrevue eût lieu ; mais Fénélon tient à bien convaincre le prince de la pureté de sa foi, et à lui dire qu'il pourra toujours unir en sûreté de conscience ses prières à celles du prélat.

Voyant le prince affligé, il le console, et le supplie de ne point parler au roi en sa faveur, puisque la volonté du monarque est celle de Dieu.

Quoique séparés, le maître et l'élève se verront en esprit. — Le prince doit pardonner aux ennemis de l'archevêque qui seront autour de lui.

La religion le consolera ; d'ailleurs, un ami de Fénélon reste à la cour, c'est **M. de Beauvillers**, à qui le jeune prince pourra confier ses peines. Quant à Fénélon, il sera heureux loin de la cour, surtout s'il apprend que le prince reste vertueux ; c'est un doux souvenir qui charmera l'exil du prélat.

Fénélon, s'apercevant que le visage du prince est inondé de larmes, lui dit de ne pas le retenir, qu'il sort pour ne point s'attendrir, parce qu'on pourrait soupçonner qu'il ne pleure que sa disgrâce.

Avis. Comme toutes les pensées essentielles de l'exhortation sont exprimées dans ce canevas, l'élève se contentera de les réunir dans un style simple et sans figures.

N° 225. — Sainte Clotilde à Clovis.

Note. C'est aux prières de sainte Clotilde, que la France doit le bonheur d'être chrétienne. La conversion de Clovis a entraîné celle de tout son peuple. Le monarque avait résisté longtemps aux supplications de sainte Clotilde. Au moment de lui faire ses adieux, quelques jours avant la bataille de Tolbiac, qui devait décider du sort de l'empire, sainte Clotilde fait une tentative nouvelle pour toucher le cœur de son royal époux. On suppose qu'elle lui adresse une courte allocution pour l'engager à embrasser la religion chrétienne.

—

L'élève prendra pour motifs qui doivent décider Clovis : 1° La probabilité de l'agrandissement de son royaume entouré de peuples chrétiens, qui sont disposés à se donner à lui; 2° l'incertitude du sort des armes avec un ennemi bien supérieur en nombre (l'armée de Clovis était de 30,000 hommes, les allemands étaient plus de 100,000 hommes); 3° Son amour pour elle : voudrait-il être séparé d'elle dans une autre vie; 4° La certitude qu'il aurait de la victoire, s'il était protégé par le *Dieu des armées;* 5° Sa grandeur aux yeux des générations futures; 6° La couronne de gloire qui l'attend dans un monde meilleur.

Avis. Vous ne devez point sortir du ton familier, quoique respectueux, d'une épouse avec son époux. Cette simplicité de style vous permettra de vous élever jusqu'au sublime, quand vous exposerez les motifs surnaturels, et que vous parlerez de la force et de la grandeur du Dieu de la victoire.

N° 226. — Marie-Thérèse aux Seigneurs Hongrois.

Note. Marie-Thérèse, impératrice d'Autriche, a vu se liguer contre sa couronne, la France, la Prusse, la Bavière et la Hongrie. La Hongrie surtout combat avec fureur, car elle veut recouvrer son indépendance. Obligée de s'enfuir, et ne sachant où porter ses pas, Marie-Thérèse prend une résolution héroïque et se présente devant Presbourg, qui était le foyer de la révolte hongroise. Les seigneurs sont assemblés, elle paraît devant eux.

Elle leur dit qu'elle vient se jeter dans leurs bras avec son fils qui n'a que quelques mois. Elle fait appel à leur courage et à leur fidélité pour combattre les ennemis de l'Autriche. Elle sait qu'ils ont été persécutés par ses prédécesseurs, et c'est précisément ce motif qui la conduit vers eux, parce qu'un ennemi magnanime est digne de devenir un sujet fidèle. Qu'ils la punissent de sa confiance en la repoussant ainsi que son enfant, ou qu'ils accueillent et protégent la fille et le fils de leurs rois.

Avis. Style relevé et soutenu. Harangue peu étendue.

N° 227. — Saint Maurice à ses Soldats.

Note. Saint Maurice commande la légion Thébaine, composée toute entière de soldats chrétiens. L'empereur leur a ordonné d'abjurer leur foi ou de se préparer à mourir. Un grand nombre de ces guerriers veut se révolter et ne mourir que les armes à la main en combattant leurs persécuteurs. Saint Maurice les exhorte au martyre.

—

Il commence par s'étonner de leurs cris séditieux; un chrétien doit connaître la résignation, et ambitionner le triomphe du martyre;

leurs pères étaient des braves, pourtant ils se sont laissés jeter aux bêtes.

Prolepse. Si nos ancêtres eussent été les plus forts en nombre, n'auraient-ils pas égorgé leurs persécuteurs?... Cette pensée est indigne de leur gloire. Non, ils ont respecté la puissance de l'empereur, et des soldats séditieux sont indignes du nom de chrétiens...

Vous êtes forts!... Mais avez-vous reçu la mission d'arracher la couronne à César?... Vous êtes forts!... Non, vous êtes des lâches dans la foi —...

Mais la Gaule et l'Italie seront bien aises de voir brisé le joug sanglant qui pèse sur elles? —... Détrompez-vous, ces nations valeureuses laissent tomber leurs armes pour embrasser la croix —... Elles maudiraient votre victoire —...

Vous serez donc seuls dans votre révolte et deviendrez les auxiliaires des barbares, si vous êtes vainqueurs —... Mais pour accomplir ces actes odieux, cherchez un autre chef, pour moi, je veux mourir —...

Imitez mon exemple, et sachez succomber en chrétiens —... La gloire et l'immortalité ne sont point dans la résistance armée contre le souverain, elles sont dans le martyre —...

N° 228. — Le Maréchal de Biron à Henri IV.

Note. On a conseillé à Henri IV de se réfugier à la Rochelle et de prendre la mer pour implorer du secours de l'Angleterre. Entouré d'un petit nombre de braves gentilshommes, le roi qui n'a point encore conquis son royaume, hésite et consulte le maréchal de Biron. Celui-ci s'oppose énergiquement à ce projet.

—

Quoi! sire, voilà ce qu'on vous conseille! N'y a-t-il pas d'autre moyen de conserver votre royaume? Vous êtes en France, où il faudrait venir si vous n'y étiez pas, et vous voulez en sortir! Des amis vous conseillent ce que des ennemis ne peuvent vous forcer à faire! Partir, c'est s'exiler —...

Nous sommes ici, il faut y rester ou y mourir —..... Il n'y a pas de couronne au-delà de la mer; l'Angleterre vous trahira —... Les flots sont inconstants, vos soldats sont fidèles —... Si vous ne répondiez pas à leur vertu, ils embrasseraient le parti de vos ennemis —...

12*

N° 229. — Moïse aux Juifs.

Note. Moïse exhorte les Juifs à observer fidèlement les commandements qu'il leur a donnés de la part de Dieu.

———

Si les Juifs sont dociles à la voix du Seigneur, ils seront comblés de ses bénédictions. *Tableau* du bonheur d'un peuple libre et protégé de Dieu : — Ennemis vaincus et dispersés, familles nombreuses, trésors célestes, riches moissons, liberté constante, etc.

Si au contraire ils sont rebelles aux lois divines, ils seront maudits. *Tableau* d'un peuple malheureux, et en butte à la vengeance divine : — Famine, désespoir, peste, honteuses défaites, aveuglement, captivité, pillage, désolation, etc.

N° 230. — Anthusa à saint Jean-Chrysostôme.

Note. Anthusa, mère de saint Jean-Chrysostôme, apprend que son fils se propose de la quitter pour faire un voyage lointain. Elle l'exhorte à rester auprès d'elle.

———

D'abord elle lui parle de son père ; quand il mourut, elle était jeune encore, mais elle ne voulut point se remarier afin de consacrer tout son temps à son fils unique ; c'est lui qui jusqu'à présent a fait son unique consolation et a dissipé les douleurs de la solitude et du veuvage. Ce fils veut-il renouveler ses peines, abandonner sa vieille mère, qui n'a plus que quelques jours à vivre ? Non, il doit recueillir son dernier soupir, réunir ses ossements à ceux de son époux. Il le doit pour ne pas déplaire à Dieu, et emporter la dernière bénédiction de sa mère.

N° 231. — Flavien à Théodose.

Note. Antioche, frappée d'une taxe extraordinaire, s'est soulevée ; les statues de la famille impériale ont été brisées pendant l'émeute. L'empereur Théodose, à cette nouvelle, a fait arrêter les auteurs du tumulte, c'est-à-dire presque tous les habitants, et a privé la ville de ses revenus et de son titre de métropole. L'évêque Flavien, vieillard vénérable, part pour Constantinople ; il va tâcher de fléchir la colère de Théodose ; et implore le pardon d'Antioche.

Il avoue qu'Antioche a été comblée des bienfaits de l'empereur, et qu'elle mérite à cause de son ingratitude d'être livrée au fer et au feu. Déjà tout l'univers soulève contre elle des cris de colère et d'indignation ; son malheur est à son comble. Mais plus le crime est grand, plus un pardon complet serait généreux et ferait ressembler le prince à Dieu, qui, outragé et mis à mort par l'homme, lui a ouvert les cieux.

La clémence du prince peut procurer le salut d'une ville ; mais les attentats de la ville peuvent procurer au prince une gloire immortelle, celle de la vertu.

De fragiles statues ont été détruites ; le prince peut en élever d'autres dans les cœurs ; ces dernières sont indestructibles.

Un jour on brisa les statues de Constantin ; ce grand prince porta la main à son front et dit à ses courtisans avides de vengeance : *Rassurez-vous, je ne suis point blessé.* Cette belle parole a survécu à ses trophées.

Mais Théodose lui-même n'a-t-il pas dit, en délivrant un jour les criminels et les prisonniers : *Que n'ai-je aussi le pouvoir de ressusciter les morts !* Il peut faire aujourd'hui ce miracle : car Antioche se regarde comme frappée de mort.

L'impunité ne peut corrompre les autres villes, les habitants d'Antioche présentent aux regards des peuples un spectacle trop effrayant. Une seule parole peut tout changer, elle fera des sujets fidèles de citoyens parjures, et Dieu mettra dans la balance éternelle ce pardon généreux, et les actions miséricordieuses qu'il engendrera plus tard.

L'empereur, qui a résisté à ses officiers, ne doit point rougir de céder à un vieillard, envoyé près de sa personne par le Dieu qui a dit : *Si vous ne remettez les offenses commises contre vous, votre père céleste ne vous remettra pas les vôtres.*

Quant à l'orateur, s'il réussit dans sa demande, il reverra son peuple avec joie; s'il échoue, il ira pleurer dans la retraite le malheur de sa ville.

Avis. Le corrigé de ce canevas est un des plus beaux morceaux du plus éloquent des pères de l'Eglise. J'ai délayé les idées principales, afin de donner à l'élève plus de facilité pour les bien rendre. Mettez à votre travail tout le soin possible.

N° 232. — Véturie à Coriolan.

Note. Coriolan avait été exilé de Rome. La vengeance dans le cœur, il se retira chez les

Volsques, ennemis de sa patrie, et fit déclarer la guerre aux Romains. Il fut choisi pour général, et il s'avança, après une brillante campagne contre ses compatriotes, jusque sous les murs de Rome. Il assiégeait cette ville lorsque sa mère Véturie vint dans son camp pour le conjurer d'accorder la paix aux Romains. Coriolan venait de refuser cette demande ; mais Véturie insiste.

———

Coriolan doit accorder la paix à Rome parce qu'il doit mieux aimer faire le bonheur de sa mère que se venger cruellement. Sa réponse va décider de la gloire et de la vie de Véturie, et la félicité de son sort ne finira même pas à sa mort : car elle sera placée sans doute, non dans les Champs-Elysées, mais dans la région de l'air habitée par les enfants des dieux.

S'il est implacable au contraire, que deviendra-t-elle? Comment a-t-il eu le courage de venir dévaster les lieux qui l'ont nourri? S'il continue son audacieuse entreprise, il sera obligé de passer sur le corps de sa mère, et sa femme et ses enfants seront faits esclaves.

Pourquoi ne répond-il pas? N'est-ce point sa mère qui lui parle? sa mère, qui, pour la première fois de sa vie, lui demande une grâce?

Elle ne lui propose point de trahir les Volsques, ce qui serait une lâcheté, mais elle demande une trève d'un an. Elle le conjure par les dieux et les mânes de ses aïeux, et finit en lui disant de la voir à ses pieds, elle qui prie pour l'honneur du fils, la vie de la mère, et le salut de la patrie.

N° 233. — Jeanne d'Arc aux Anglais.

NOTE. Jeanne d'Arc a été faite prisonnière par les Anglais, et condamnée à être brûlée vive. Debout sur le bûcher, elle reproche à ses bourreaux leur crime et leur lâcheté.

—

Ils ont enfin ce qu'ils désiraient. La pauvre fille près de mourir ne les épouvante plus sans doute? Ils n'ont pas eu le courage de rester soldats, ils sont devenus bourreaux et impies; mais c'est en vain qu'ils combattent contre Dieu. Ils voulaient ravir sa couronne au roi de France, et ils font mourir dans les supplices une fille innocente; ils sont lâches et injustes; mais Dieu qui l'a rendue victorieuse lui donne la force de mourir.

Ce Dieu va les poursuivre, car sa mort criera vengeance, il annéantira leurs armées;

il les chassera pour jamais de Paris, de la Normandie et de la Guienne; ils sentiront son bras redoutable jusqu'en Angleterre, où leurs rois perdront la vie et leur royaume pour avoir voulu usurper les états d'autrui.

Avis. Vous rendrez *véhément* le commencement de ce morceau au moyen de l'interrogation. La Commination animera assez la seconde partie, si, disant les choses avec précision vous éloignez de votre style toute épithète parasite et toute figure frivole.

N° 234. — Le duc de Rohan à ses Soldats.

(Harangue militaire.)

Note. Le duc de Rohan était entré en Suisse, et avait pénétré dans le canton des Grisons, qui l'avaient reçu comme un libérateur, mais dont il soupçonnait la fidélité. Les Impériaux, supérieurs en forces, l'avaient repoussé d'abord, mais l'habile général, par une contre-marche habile, trompa l'ennemi et parut sur les hauteurs de Cassiano. Là, il devait livrer bataille ou être fait prisonnier, il harangue ses soldats.

Il expose la situation de l'armée, qui n'a traversé des lieux inaccessibles que pour être renfermée dans un vallon. Devant elle est l'armée ennemie, derrière et aux côtés sont les Valtelins et les Grisons, qui attendent, pour l'achever, le sort du combat. La retraite est impossible au milieu de ces précipices. Les armes du roi sont victorieuses partout ailleurs, Les soldats de Rohan en terniraient-ils l'éclat? qu'au contraire par leur valeur, ce petit vallon inconnu au monde devienne célèbre par leur victoire.

Avis. Les harangues militaires ne doivent pas être trop longues.

N° 235. — Un Curé à ses Paroissiens.

Note. Un édit du roi avait défendu aux communes d'enterrer les morts dans les églises et les cimetières, et prescrit de choisir, hors de l'enceinte des villes et villages, la terre du repos. Une paroisse se révolta contre cet édit. Ses habitants voulaient que leurs cendres fussent mêlées à celles de leurs pères. Le curé les exhorte à la soumission.

—

La piété de ses paroissiens murmure; ils veulent être ensevelis avec leurs pères. Mais c'est un usage funeste à la santé publique que de placer les cimetières au milieu des habitations; voudraient-ils, après leur mort, causer celle de leurs enfants? Leurs ancêtres eux-mêmes ne se réveilleraient-ils pas dans la tombe pour repousser les corps de ces parents dénarés?

Si leurs cendres ne sont pas mêlées à celles de leurs pères, elles seront réunies à celles de leurs enfants, et à celles de leur curé; car il veut, lui, être enterré dans le nouveau cimetière. Qui refusera de le suivre? si on l'abandonne, il se lèvera au jour du jugement, seul, pour accuser son troupeau de barbarie, pour avoir méconnu les droits de la loi, de l'humanité et de la religion.

Avis. Le commmencement de cette exhortation exposera les motifs de la défense d'inhumation dans les villes. Style simple. L'exclamation et l'interrogation animeront le milieu de la harangue, et la fin sera rendue énergique par la commination.

N° 236. — Melvil à Elisabeth.

Note. Elisabeth, reine d'Angleterre, a pris la détermination de faire mourir Marie-Stuart. Melvil la conjure de renoncer à ce projet.

—

On trompe la reine, Marie ne complotte point; et sa mort n'est point sans danger pour la couronne d'Elisabeth. Le peuple songera à la vengeance de la fille de ses rois ; il retirera à la reine ses respects et son amour. Non, Elisabeth ne souillera point sa vie ; elle songera que l'histoire mettra au rang des crimes la mort de Marie-Stuart. Melvil ne demande donc pas grâce seulement pour Marie, mais encore pour Elisabeth.

No 237. — Saint Léon à Attila.

Attila, surnommé le fléau de Dieu, était en Italie avec une armée considérable de barbares. Il s'était emparé des villes du nord et se préparait à fondre sur le midi, principalement pour livrer Rome au pillage. Saint Léon-le-Grand, qui occupait le trône pontifical, va au devant du roi des Huns, jusque sur les bords du Mincio, et l'exhorte à sauver Rome.

—

L'orateur reconnaît qu'Attila est devenu, par ses conquêtes, le roi de l'univers, et c'est le peuple, qui portait autrefois ce titre, qui vient implorer la clémence du vainqueur ; ce sera là le plus beau des triomphes d'Attila, qui, n'ayant plus rien à désirer, n'a plus qu'à se vaincre lui-même, et à ressembler à Dieu en sauvant ce qu'il peut perdre. Il a annéanti ceux qui lui ont résisté, qu'il pardonne à ceux qui, sans combattre, reconnaissent sa puissance.

N° 238. — Léonidas aux 300 Spartiates.

NOTE. Voyez pour le fait historique le n° 145.

—

Les Spartiates ont à combattre un roi barbare, qui compte dans son armée autant de nations qu'ils sont de soldats. Contre cette foule innombrable, la Grèce entière ne peut rien par la force ; mais il faut que Xercès apprenne comment les Grecs savent mourir. Sa victoire le fera trembler, et s'il ose s'avancer il saura que dix mille hommes, ou plutôt tous les Grecs sont prêts à s'immoler comme eux pour le salut de la patrie. Leur exemple va engendrer cent mille héros, et ce roi audacieux sera vaincu et obligé de fuir, aux yeux de la Grèce, couronnant de fleurs les tombeaux des Spartiates.

Et l'immortalité qui les attend ! quand Sparte ne sera plus, les échos des montagnes et l'univers entier répèteront encore les noms de Léonidas et de ses compagnons.

N° 239. — *Alonzo aux Femmes Indiennes.*

Note. Alonzo, fait prisonnier par une troupe d'Indiens antropophages, avait été lié à un poteau, en attendant l'heure où il devait être mis à mort et mangé par les sauvages. Il était entouré de femmes, qui devaient prendre part elles-mêmes à cet horrible festin. Il les prie de le délivrer.

—

Celui qui viendrait déchirer dans leurs bras leurs enfants et leurs époux, serait un monstre cruel. — Les Indiens ont des ennemis dans les bêtes sauvages; pourquoi égorger un homme innocent, qui, lui aussi, a une mère? — Ah! Si cette mère était là, ses pleurs obtiendraient la grâce du prisonnier.

Mais sa vie est peu de chose, ce qui le touche c'est le péril que courent les Indiens, — Une puissance terrible doit les attaquer. Il allait, quand il a été arrêté, implorer pour eux le secours des Incas. C'est donc un ami, un frère, qu'on va dévorer. Le permettront-elles? —

—

N° 240. — Servilius au Peuple Romain.

Note. Le consul Servilius est rentré à Rome, après avoir gagné deux batailles. Dans la dernière il a poursuivi trop longtemps l'ennemi qui s'est rallié, et qu'il n'a pu mettre en déroute qu'en perdant beaucoup de monde, Il a été accusé pour ce fait par les tribuns du peuple. Il se justifie.

—

Si on ne veut entendre que des explications, je vais les donner, si a on pris d'avance le parti de me condamner, je suis prêt à mourir. Mais non, je suis devant des juges et non devant des ennemis. Voici ce que j'ai fait.

Qand j'ai été nommé consul avec Virginius, la discorde et la famine étaient dans la ville, et l'ennemi à nos portes. J'ai gagné deux batailles, et ravageant le territoire étranger, j'ai rétabli l'abondance dans la ville. Est-ce là mon crime? mais j'ai perdu beaucoup de monde dans le dernier combat?... Eh! peut-on vaincre sans pertes; surtout quand l'ennemi est supérieur en nombre? pouvais-je ne pas suivre la victoire et même retenir mes soldats? on m'accuserait aujourd'hui, si j'avais fait sonner la retraite. J'ai perdu du monde, mais quel général n'en perd pas? Est-il vrai que j'ai vaincu, que je l'ai forcé à se cacher dans les places fortes, que je vous ai enrichis? Que vos tribuns parlent?

N° 241. — Un Vieillard au Peuple de Syracuse.

NOTE. Les Syracusains, en guerre avec les Athéniens, ont fait un certain nombre de prisonniers. Le peuple est assemblé et délibère sur leur sort; on est généralement d'avis de les faire mourir. Un vieillard, père de deux fils qui ont perdu la vie dans le dernier combat, prend la défense des prisonniers, et surtout de Nicias, l'un des chefs athéniens qui s'est opposé dans l'assemblée du peuple, à Athènes, à l'injuste guerre déclarée à Syracuse.

Le vieillard expose son triste sort; il admire le courage de ses fils; mais il pleure leur mort, et a les plus grands motifs de détester les Athéniens.

Mais sa douleur n'est rien auprès de l'honneur de sa patrie prête à se couvrir de honte. Les Athéniens ont été injustes, les dieux les ont punis. Ils se sont rendus dans l'espoir qu'on leur conserverait la vie ; la leur ôter, ce serait insulter au droit des gens et déshonorer la victoire, qui rend d'ailleurs moins illustre que la clémence. Comment oserait-on surtout porter la main sur Nicias ? — L'orateur finit en souhaitant la mort, s'il doit voir une telle cruauté.

DÉCOMPOSITIONS.

☞ LE MODÈLE, tome 1er, page 302.

N° 242. — Lusignan à sa Fille.

Lusignan, vieux guerrier octogénaire, retrouve, dans le palais d'un empereur musulman, sa fille qu'il croyait perdue depuis longues années. Sa joie est troublée par la pensée que, peut-être, elle n'est plus chrétienne ; il la questionne et apprend avec douleur qu'elle a abjuré sa foi.

———

Que la foudre en éclats ne tombe que sur moi !
Ah ! mon fils !... à ces mots j'eusse expiré sans toi.
Mon Dieu ! j'ai combattu soixante ans pour ta gloire,
J'ai vu tomber ton temple et périr ta mémoire ;
Dans un cachot affreux abandonné vingt ans,
Mes larmes t'imploraient pour mes tristes enfants,
Et lorsque ma famille est par toi réunie,

Quand je trouve une fille, elle est ton ennemie ;
Je suis bien malheureux !... C'est ton père, c'est moi,
C'est ma seule prison qui t'a ravi ta foi.
Ma fille, tendre objet de mes dernières peines,
Songe au moins, songe au sang qui coule dans tes veines,
C'est le sang de vingt rois tous chrétiens comme moi ;
C'est le sang des héros défenseurs de ma loi,
C'est le sang des martyrs. O fille encor trop chère !
Connais-tu ton destin ? sais-tu quelle est ta mère ?
Sais-tu bien qu'à l'instant que son flanc mit au jour
Ce triste et dernier fruit d'un malheureux amour,
Je la vis massacrer par la main forcenée,
Par la main des brigands à qui tu t'es donnée ;
Tes frères, ces martyrs égorgés à mes yeux,
T'ouvrent leurs bras sanglants tendus du haut des cieux.

Ton Dieu que tu trahis, ton Dieu que tu blasphêmes,
Pour toi, pour l'univers est mort en ces lieux mêmes.
En ces lieux où mon bras le servit tant de fois,
En ces lieux où son sang te parle par ma voix.
Vois ces murs, vois ce temple, envahis par tes maîtres ;
Tout annonce le Dieu qu'ont vengé tes ancêtres,
Tourne les yeux, sa tombe est près de ce palais ;
C'est ici la montagne où, lavant nos forfaits,
Il voulut expirer sous les coups de l'impie ;
C'est là que de la tombe il rappela sa vie.
Tu ne saurais marcher dans cet auguste lieu,
Tu n'y peux faire un pas sans y trouver ton Dieu ;
Et tu n'y peux rester sans renier son père,
Ton honneur qui te parle et ton Dieu qui t'éclaire.
Je te vois dans mes bras et pleurer et gémir,
Sur ton front pâlissant Dieu met le repentir ;
Je vois la vérité dans ton cœur descendue,
Je retrouve ma fille après l'avoir perdue ;

Et je reprends ma gloire et ma félicité,
En dérobant mon sang à l'infidélité.

VOLTAIRE.

AVIS. *Forme.* Exposez la situation de Lusignan, et dites-nous si le poète a su lui prêter un langage convenable. Prenez les vers les uns après les autres, tantôt un, tantôt deux ou trois et tâchez de faire sentir les figures ou les mouvements qu'ils contiennent. Ne vous arrêtez qu'aux plus beaux, si vous le désirez; mais en tous cas, jetez dans votre travail quelques transitions pour faire une analyse agréable.

Fond. Cette allocution vous semble-t-elle un petit discours? Voyez-vous, sous le rapport de l'invention, des passions, des mœurs et des preuves? Rédigez ces dernières en forme de syllogisme. Dans la disposition, reconnaissez-vous un exorde, une confirmation et une péroraison?

Au résumé, ce morceau fait-il honneur à son auteur.

N° 243. — Sur le petit nombre des Élus.

Je m'arrête à vous, mes frères, qui êtes ici assemblés. Je ne parle plus du reste des hommes, je vous regarde comme si vous étiez seuls sur la terre, et voici la pensée qui m'occupe et m'épouvante. Je suppose que c'est ici votre dernière heure et la fin de l'univers, que les cieux vont s'ouvrir sur vos têtes, que Jésus-Christ va paraître dans sa gloire au milieu de ce temple, et que vous n'y êtes assemblés que pour l'attendre, comme des criminels tremblants, à qui l'on va prononcer une sentence de grâce ou un arrêt de mort éternelle ; car, vous avez beau vous flatter, vous mourrez tels que vous êtes aujourd'hui. Tous ces désirs de changement qui vous amusent, vous amuseront jusqu'au lit de la mort ; c'est l'expérience de tous les siècles. Tout ce que vous trouverez alors en vous de nouveau, sera peut-être un compte un peu plus grand que celui que vous auriez aujourd'hui à rendre, et sur ce que vous seriez, si l'on venait vous juger en ce moment, vous pouvez presque décider ce qui vous arrivera au sortir de la vie.

Or, je vous demande, et je vous le demande, frappé de terreur, ne séparant pas en ce point mon sort du vôtre, et me mettant dans la même disposition où je souhaite que vous entriez ; je vous demande donc : si Jésus-Christ paraissait dans ce temple, au milieu de cette assemblée, la plus auguste de l'univers, pour vous juger, pour faire le terrible discernement des boucs et des brebis, croyez-vous que le plus grand nombre de tout ce que nous sommes ici fût placé à la droite? croyez-vous du moins que les choses fussent égales? croyez-vous qu'il s'y trouvât seulement dix justes, que le Seigneur ne put trouver autrefois en cinq villes tout entières? je vous le demande, vous l'ignorez et je l'ignore moi-même ; vous seul, ô mon Dieu! connaissez ceux qui vous appartiennent. Mais si nous ne connaissons pas ceux qui lui appartiennent, nous connaissons du moins, que les pécheurs ne lui appartiennent pas. Or, qui sont les fidèles ici assemblés? les titres et les dignités ne doivent compter pour rien ; vous en serez dépouillés devant Jésus-Christ. Qui sont-ils? beaucoup de pécheurs qui ne veulent pas se convertir; encore plus qui le voudraient mais qui diffèrent leur conversion ; plusieurs autres, qui ne se convertissent jamais que pour retomber; enfin, un grand nombre qui croient n'avoir pas besoin de conversion; voilà le parti des réprouvés ! Retranchez ces quatre sortes de pécheurs de cette assemblée sainte, car ils en seront retranchés au grand jour; paraissez maintenant, justes ! où êtes-vous ? Restes d'Israël, passez à la droite; froment de Jésus-Christ, démêlez-vous de cette paille destinée au feu. O Dieu ! où sont vos élus, et que reste-t-il pour votre partage,

MASSILLON.

AVIS. Vous ne séparerez pas, dans la décomposition de ce chef-d'œuvre, la forme du fond. Vous y verrez peu de figures de mots ; il faudra vous attacher à faire sentir les figures oratoires. Examinez avec attention la première phrase ; elle vous offre un commencement de communication, qui continue dans tout le morceau ; quand vous la retrouverez, n'omettez pas de le faire remarquer. Il en est de même de la prosopopée, qui rend présent Jésus-Christ dans le temple ; elle continue jusqu'à la fin. Ces deux mouvements sont tellement liés, qu'il serait impossible de distraire une phrase du morceau, sans nuire à son effet. Il est inutile de vous dire que vous rencontrerez l'exposition, la gradation, la suspension, la commination, l'exclamation, la prolepse, la répétition, la subjection, l'allusion, l'interrogation et l'apostrophe. Trouvez-vous la métonymie *boucs* et *brebis* indigne du sujet et du lieu ? Pourquoi Massillon dit-il de son auditoire que c'est une assemblée sainte, puisqu'il parle à une assemblée de pécheurs ? attachez-vous, dans votre travail, à peindre les sentiments d'effroi et de terreur, par lesquels l'orateur fait passer l'auditeur, jusqu'à la dernière apostrophe. C'est là que la mine chargée plus haut fait explosion. On rapporte que lorsque Massillon prononça ce morceau dans l'église St-Eustache, et dans la chapelle de Versailles, devant Louis XIV, tout l'auditoire se leva en poussant des cris sourds de frayeur. Pour finir votre analyse, vous raconterez cette anecdote.

NARRATIONS ORATOIRES.

☞ PRÉCEPTES DU GENRE, tome 1er, page 306.

COMPOSITIONS.

N° 244. — Bataille de Rocroi.

Les ennemis étaient en présence à l'entrée de la nuit; le duc d'Enghien se reposa le dernier et plus tranquillement que jamais, il fallut le réveiller le lendemain matin.

La bataille commence, le duc d'Enghien vole de rang en rang, enfonce l'aile droite des ennemis, revient à ses autres troupes qui étaient à demi-vaincues, les rallie, et met les Espagnols en fuite; mais leur infanterie, corps redoutable, se défendait vaillamment et ne pouvait être entamée. Trois fois le duc d'Enghien est repoussé dans son attaque par le comte de Fontaines, qui, vieux et accablé d'infirmités, se faisait porter dans les rangs, sur une chaise. Enfin, le duc est vainqueur malgré des troupes fraîches de cavalerie, que Beck amène au secours des Espagnols. Ceux-ci demandent quartier, et pendant que le duc s'avance pour recevoir leur parole, l'alarme se met parmi eux, et le combat recommence. Les Français sont furieux, et couvrent de morts le champ de bataille.

Le duc réussit enfin à calmer ces lions, et sauva la vie aux troupes et aux officiers qui restaient. A son grand regret, le comte de Fontaines perdit la vie. Sur le champ de bataille on rendit grâces à Dieu.

N° 245. — Dernière Campagne et Mort de Turenne.

Turenne avait à faire à un général habile et prévoyant. Cependant il passe le Rhin, et surprend l'ennemi. Aussitôt le courage de nos alliés est affermi ; les peuples d'une fidélité chancelante restent neutres. L'ennemi déconcerté bat en retraite et va se réfugier dans les montagnes. On le poursuit à coups de canon ; la France attend avec espoir la fin de cette campagne. C'est en ce moment, que par un de ces coups dont Dieu est seul le maître, Turenne est frappé par un boulet.

Aussitôt tout est remis en question, fortune, paix, victoire, alliances. Toute l'armée pleure, et l'Europe entière regrette ce grand prince.

PLAIDOYERS.

☞ PRÉCEPTES DU GENRE, tome 1ᵉʳ, page 213.

COMPOSITIONS.

NOTE. Une famille opulente vivait à Athênes. Elle éprouva des revers qui la réduisirent à l'indigence. Pour comble de malheur, les deux soutiens de cette famille, Polidore et Callidore furent faits prisonniers par les Macédoniens. Le premier était un jeune homme de vingt-cinq ans, l'aîné de la famille; le second était l'époux de la sœur de Polidore, et avait environ quarante ans. Pour les tirer de l'esclavage, le vieillard qui était le chef de cette famille, tira le meilleur parti de ce qui lui restait; mais, malgré ses efforts, la somme qu'il amassa ne pouvait servir qu'à la rançon d'un seul des deux captifs. Grande contestation pour savoir lequel sortira des fers. On porte la cause devant les juges de l'Aréopage.

N° 246 à 248. — Plaidoyer pour Polidore ou le Jeune Homme.

N° 246. — EXORDE ET PROPOSITION.

L'avocat de Polidore est un jeune homme qui débute dans la carrière judiciaire. C'est son premier plaidoyer. Il tire son exorde de cette position. Il fait l'éloge de la jeunesse, la justifie des reproches qui lui sont faits surtout par les vieillards. Il s'applaudit d'avoir, lui jeune, à défendre un autre jeune homme. Il se montre plein de confiance dans la bonté de sa cause et ne doute pas qu'on ne délivre Polidore : 1° Parce que c'est le membre le plus précieux de la famille ; 2° parce qu'il est le plus précieux à l'état.

N° 247. — CONFIRMATION. 1re partie.

Il compare la famille à un parterre émaillé de fleurs, dont les unes sont écloses et vigoureuses, et les autres déjà épanouies et sur le déclin de leur éclat ; si ce parterre était ravagé par une main cruelle, il regretterait plutôt les premières fleurs que les secondes. L'avocat fait l'application de cette allégorie à la position des deux concurrents.

13.

Il invoque ensuite la tendresse qu'une famille a pour son aîné ; il en appelle aux cœurs des pères et mères. Le père voit dans ce fils chéri l'héritier de son nom ; la mère le trouve parfait. Si le chef de la famille meurt, on se console assez vite ; mais si l'héritier vient à mourir, la désolation n'a plus de bornes. Eh bien ! Polidore est comme mort, l'esclavage use la vie, les juges sont comptables de ses jours à cette famille désolée qui le demande à grands cris ; c'est à eux à combler ces justes vœux.

N° 248. — CONFIRMATION. 2e partie.

Polidore est plus précieux à l'état que Callidore ; car Polidore peut rendre à la patrie des services longs et durables. Callidore, il est vrai, allie la force de la jeunesse à la maturité de l'âge ; il peut encore être utile à la patrie. Mais pour le faire avec plus de succès, il faudrait qu'il fût libre et sans soucis pour sa femme et ses enfants. Or, dans les circontances présentes, Philippe, roi de Macédoine, menace les libertés d'Athènes. Il faut être à la patrie corps et âme. Comment fera Callidore pour oublier les objets de ses plus chères affections? les affaires personnelles feront grand tort aux affaires publiques. Polidore, au contraire, est dégagé de toutes entraves ; c'est un héros qui brûle du désir de se signaler. Il se vengera sur les Macédoniens par autant de coups mortels qu'il a subi d'heures de captivité.

Péroraison. — L'avocat conclut en faisant une récapitulation plutôt qu'un appel pathétique aux cœurs des juges. Pourtant il met en jeu l'amour de la patrie éplorée qui réclame Polidore comme un de ses plus vaillants fils ; puis il s'adjuge la victoire et regarde comme certain le succès de sa cause.

N° 249 à 251. — Plaidoyer pour Callidore ou l'Homme mûr.

N° 249. — EXORDE ET PROPOSITION.

L'avocat de Callidore est un homme exercé depuis longtemps aux luttes du barreau. Il blâme son compétiteur d'avoir montré une trop grande confiance dans une cause dont il connaît toute la faiblesse. Il le raille de son style fleuri et symbolique ; c'était promettre peu de solidité dans le fond ; en effet la jeunesse et la raison ne sont pas amies, et il n'est pas étonnant que la seconde n'ait pas été appelée au secours de la première. Quant à lui, il va suivre un autre, ou plutôt, le même chemin, c'est-à-dire, qu'ayant à parler pour un homme mûr, il fera parler la raison. Son adversaire a présenté des fleurs, il va présenter des fruits; car du salut de Callidore, dépend en premier lieu, le salut de la famille en général, et en second lieu le salut de Polidore en particulier.

N° 250. — CONFIRMATION. 1re partie.

Imitant d'abord son adversaire, il compare Callidore au soleil qui vivifie la nature et Polidore à la lune, qui est l'emblême du changement et de l'inconstance; mais bientôt il abandonne ces moyens peu sérieux. Il soutient que c'est sur le père de famille que repose toute la charge d'une maison; l'homme mûr assure aux vieillards, aux jeunes gens, aux enfants des ressources contre l'infortune, soit par son industrie, soit par sa vigilance.

L'avocat continue en faisant le tableau désolant d'une famille privée de son chef; les fils dissipent les biens du père et déshonorent quelquefois un nom respectable. Il prévient l'objection qu'on pourrait lui faire, que la mère peut remplacer le père, et à ce sujet il prouve qu'une mère n'a point assez de fermeté, et qu'elle aime trop pour être rigoureuse. Or, qu'on suppose la famille privée de Callidore, qui la soutiendra? Sera-ce un jeune homme sans expérience? Non, ce qu'il lui faut c'est un homme qui possède la sagesse et l'habitude des affaires, la vigueur et l'activité, le crédit et la considération. Toutes ces qualités sont réunies dans Callidore.

N° 251. — CONFIRMATION. 2e partie.

C'est du salut de Callidore que dépend la liberté de Polidore, Supposons les tous deux de retour dans leur patrie après leur sortie d'esclavage. Que fait Polidore? Il va revoir ses amis, songe à ses plaisirs, retrouve sa famille dans le deuil et les larmes, et ne fait rien pour l'en tirer. Pendant ce temps son frère gémit dans les fers. Que fait au contraire Callidore? il revient, et à peine débarqué, il fait des entreprises lucratives, son honneur et son activité, bien connus, lui ouvre toutes les bourses, le premier gain qu'il fait est employé à la rançon de Polidore et les voilà sauvés tous deux.

PÉRORAISON. Rien ne peut donc empêcher la préférence des juges pour Callidore ; ils doivent le rendre à sa famille éplorée, et l'avocat de Polidore doit lui-même rendre grâce à son confrère qui vient de plaider sa cause aussi bien que la sienne propre.

VERSIFICATION.

☞ LES PRÉCEPTES, tome 1ᵉʳ, page 337.

COMPOSITIONS.

N° 252. — Le Temple.

Quand l'étoile solitaire du soir, précédant le char silencieux de la nuit, s'élève lentement dans la voûte des cieux, qu'il est doux (1) de porter ses pas religieux dans le fond du vallon vers ce temple rustique dont la mousse a couvert le portique modeste ; mais où le ciel parle encore à des cœurs pieux ! Bois consacrés, salut ! Salut ! champ funéraire, humble dépositaire des tombeaux du village ! Je bénis tes simples monuments en passant. Malheur à qui profane la poussière des morts ! Devant

(1) Vous répéterez les mots *qu'il est doux*. Aucun mot n'est à changer ou à retrancher. Vous n'avez qu'à mettre ce canevas en vers, en disposant autrement l'arrangement des expressions ou des phrases. Vers alexandrins, rimes mêlées.

leur humble pierre j'ai fléchi le genou , et la nef a reçu mes pas retentissants. Quel silence! quelle nuit! A peine au fond du sanctuaire aperçoit-on la lumière tremblante de la lampe qui brûle auprès des saints autels. Elle luit seule quand l'univers sommeille encore , consolant emblême de la bonté qui veille ici pour recueillir les soupirs des mortels. Aucun bruit n'a frappé mon oreille, avançons. Sous mes pas mesurés le parvis frémit seul ; enfin , j'ai franchi les degrés du sanctuaire. Murs sacrés! saints autels! Je suis seul, et devant vous mon âme peut verser sa flamme et ses douleurs, et confier au ciel des accents ignorés, que lui connaîtra seul, que vous entendrez seuls.

N° 253. — L'Immortalité de l'Ame.

Oui, notre âme est immortelle, Platon, tu dis vrai. C'est un Dieu qui vit en elle, un Dieu qui lui parle. Eh! sans lui, d'où viendrait ce dégoût des faux biens, ce grand pressentiment, cette horreur du néant? je sens que tu m'entraînes vers des siècles sans fin ; je vais briser les chaînes de mes sens et du monde, et loin du corps arrêté dans la fange, m'ouvrir les portes de la vie et de l'éternité. L'éternité! quel mot terrible et consolant! O profondeur horrible! ô nuage! ô lumière! que dis-je? où suis-je? d'où suis-je tiré et où vais-je? Dans quel monde ignoré, dans quels climats nouveaux le moment du trépas va-t-il plonger mon être? où sera cet esprit qui ne peut connaître? ténébreux abîmes, que me préparez-vous? allons, Platon doit être heureux, s'il est un Dieu. Sans doute il en est un et je suis son ouvrage; il empreint son image lui-même au cœur du juste, il doit venger sa cause et punir les pervers. Mais dans quel temps, dans quel univers et comment? Ici pleure la vertu et l'audace l'opprime; l'innocence à genoux y tend la gorge au crime, tout y suit son char et la fortune y domine. Ce globe infortuné, pour César fut formé; hâtons-nous de sortir d'une funeste prison. O céleste vérité, je te verrai sans ombre, dans nos jours de sommeil tu te caches de nous; cette vie est un songe, et le monde un réveil.

Avis. Ce canevas est dans le même genre que le précédent, il est un peu plus difficile. Vers alexandrins, rimes plates.

N° 254. — La Fraternité.

Dans nos jours passagers de peines, de *malheurs*, enfants d'un même *père*, vivons du moins en frères. Aidons-nous *les uns les autres* à porter *nos charges.* Nous marchons tous *af- faissés* sous le poids de nos maux ; mille enne- mis *sanguinaires tourmentent* notre vie, *cons- tamment* maudite par nous, et toujours si *ai- mée.* Dans nos jours consacrés aux *chagrins*, nous essuyons quelquefois nos *larmes* par la main du plaisir ; mais le plaisir *passe* et *fuit* comme une ombre ; nos chagrins, nos regrets, nos pertes, sont *incalculables.* Notre cœur égaré, sans guide et sans *soutien*, est brûlé de désirs, ou glacé par *la tristesse. Aucun* de nous n'a vécu sans connaître les *pleurs.* Les *plaisirs con- solateurs* de la société *endorment* au moins quelques instants nos douleurs, remède encore trop faible pour des maux si *durables.* Ah ! *n'aigrissons* pas la douceur qui nous reste. Je crois voir des *galériéns qui peuvent* se secourir dans leur *odieux* cachot, acharnés *les uns sur les autres*, combattre avec les *chaînes avec les- quelles* ils sont *liés.*

Avis. Vous avez, pour mettre ces vers en mesure, à vaincre une difficulté de plus que dans les canevas précédents ; il fau- dra changer toutes les expressions qui sont en lettres italiques. Vers alexandrins, rimes plates.

N° 255. — L'Ange et l'Enfant.

Un ange au visage *rayonnant*, penché sur le bord *d'une couchette*, semblait contempler son image comme dans *les eaux d'un lac*.

« *Bel* enfant qui me ressembles, oh ! viens
« avec moi, disait-il, viens, ensemble nous se-
« rons heureux ; de toi la terre est indigne.

« *Là*, jamais allégresse *pleine*, l'âme y
« souffre de ses *joies*, les cris d'*allégresse* ont
« leur *chagrin*, et les voluptés leurs regrets.

« La crainte est *au milieu* de toutes les fêtes,
« jamais un jour calme et *pur* n'a préservé le
« lendemain du choc *affreux* des *orages*.

« Hé quoi ! les chagrins, les *tristesses* vien-
« draient troubler ce front si *beau*, et ces yeux
« d'azur se terniraient par l'amertume des
« *pleurs*.

« Non, non, dans les *plaines de l'infini*, tu
« vas *venir* avec moi, *Dieu* te fait grâce des
« jours que tu devais *passer*.

« Que personne dans *le séjour où tu es* ne
« *prenne des* vêtements *sombres*; *que* ta der-
« nière heure soit accueillie *avec la même joie*
« que tes premiers moments.

« Que les fronts *ne se plissent point*, que rien

« n'y *fasse voir* un tombeau, quand on est
« pur comme à ton âge, *la dernière heure est*
« la plus belle. »

Et secouant ses ailes *de lis*, l'ange à ces mots
s'est envolé vers les demeures *célestes*... Pauvre
mère, ton fils *n'est plus*.

Avis. Même observation qu'au n° 254. Vers de quatre pieds;
rimes croisées, neuf strophes.

E° 256. — La Mendiante.

La pauvre femme est là devant le cimetière,
bien *âgée* et ne pouvant presque plus *marcher;*
elle implore une aumône et prie, et sa *voix*
parle de mort et *de l'autre vie.*

Là, *tout le jour*, tous ceux que l'on *inhume*,
passent devant ses yeux, avec leur linceul
blanc; là, vient la jeune *personne*, et puis
la pauvre mère, *avec* l'aïeul, *avec* l'enfant.

Elle voit les *pleurs*, les *chagrins* et les regrets; elle sait que beaucoup ont eu peur de *la
mort;* mais pour elle, elle peut y songer sans
trembler, pour elle, *la mort est le sommeil.*

Le monde *cruel et insensible* la dédaigne et
la repousse, personne ne vient *lui tenir compagnie;* mais, pour se consoler, elle *s'est placée* d'avance dans cette *demeure du trépas.*

Que l'on visite le cimetière un jour encore,
les yeux la chercheront *vainement*; car elle
aura quitté *la vieille pierre qui lui servait de
siége*, pour reposer un peu plus bas.

Avis. Même observation qu'au n° 254. Cinq strophes de
quatre vers, dont les trois premiers de cinq pieds et le quatrième de quatre pieds, rimes croisées.

N° 257. — Les Sœurs hospitalières.

Triste enceinte où le soldat *mutilé*, le malade
pauvre et qui n'a point de *gîte*, reçoivent un secours inutile trop souvent, ouvre-toi. Là des femmes, *qu'on nomme* sœurs, prodiguent les douceurs d'un zèle. — Plus d'une apprit longtemps,
dans un *couvent*, à protéger la terre, en invo-
quant le ciel, et s'élançant des autels vers les
malheureux, devint l'épouse d'un Dieu, pour
servir les *humains*. O courage! — Ces bienfai-
trices, surmontent les dégoûts des plus pénibles soins dans un séjour — où tous les supplices *se trouvent*, prévenant les besoins de
mille *personnes*, — entourent *de chanvre* leurs
blessures et réparent ce lit *de douleurs*, ce lit
déplorable dont la pitié avare ne prête qu'une
moitié étroite à *la souffrance.* Elles semblent
l'image de l'humanité *en personne*, et les *mal-*

heureux que soulage leur bonté, sentent avec *joie,* dans ce — séjour, qu'une femme est l'ami qui les ramène *à la vie.*

Avis. Outre tous les changements des canevas précédents, vous aurez à ajouter des épithètes partout où vous trouverez un — Vers alexandrins, rimes plates.

N° **258**. — Les Pyramides d'Egypte.

O colosses du Nil, qui êtes le séjour — du deuil, oh! que l'œil *de l'homme* vous voit avec *fierté!* les montagnes s'abaissent devant vos fronts, — votre ombre *colossale s'étend* au loin dans les *champs.* Mais l'homme vous *a élevés,* et sa fragilité vous a donné la vie et *une durée éternelle.* Que de fois, m'asseyant *silencieux à votre base,* j'évoque — tout cet amas — de héros, de peuples et de générations, que le torrent *des siècles* emporta dans *son cours;* royaumes, villes, tribus, sultans, rois, califes, noms *célèbres autrefois,* et *maintenant ombres vaines,* vous leur survivez, — vous êtes *en même temps* les archives *des âges* et le tombeau des rois, le dépôt *de la science, de la religion, des langues,* la merveille, le *logogriphe* et la leçon du sage. O toi *dont* la main grava mes faibles vers sur *ces rocs* plus solides et plus durs que le dia-

mant, reçois ICI mon tribut DE RECONNAISSANCE.
Siècles sans nombre, *écoulez-vous*, *peuples*,
monarques, passez tous comme *de vains fantômes*; ces murs sont mon trophée, et à mon
tour vainqueur du trépas, je puis dire, mes
vers *seront immortels*.

AVIS. Même observation qu'au n° 257. — Ne faites aucune
attention aux mots qui sont en petites capitales. Vers alexandrins; rimes plates.

N° 259. — Les Vers Luisants.

N'oublions point ces *insectes* dont les *di-
verses* races montrent des lumières — sur *la
mer*, et *présentent* — *de* vivants phosphores
chaque fois que l'aviron fend les flots. — Les
bois mêmes, — offrent aux *regards* — de vo-
lantes étoiles, quand la nuit *est noire*, qui,
traçant *dans l'ombre des* sillons lumineux, *se
font voir sur* chaque feuille *en tourbillonnant.*
Les airs sont étonnés de CETTE clarté *inatten-
due*, la forêt *brille* et la nuit est *étincelante.* Ils
restent en repos, aussitôt cet *éclat* — *disparaît*,
et tour à tour *on voit se succéder* l'ombre et la
clarté.

AVIS. Même observation qu'au n° 257. Vers alexandrins,
rimes plates.

N° 260. — L'Amitié.

L'amitié n'est point faite pour les mauvais cœurs. O divine amitié, félicité sublime, seul mouvement de l'âme, dont l'excès ne soit point défendu, change en biens tous les maux auxquels le ciel m'a condamné. Ma compagne chérie, partout; en toutes saisons, et dans tous mes moments! tout homme est seul sans toi; mais avec toi il peut se multiplier et vivre dans les autres. Amitié! passion du sage, idole d'un cœur juste, que ton nom couronne ces pages; il règne en souverain dans mon cœur, qu'il préside à mes vers : c'est toi qui m'as appris à connaître le bonheur et à le chanter.

Avis. Je ne vous dis rien pour ce dernier canevas. C'est bien assez de vous le donner en prose poétique. Toutefois, je veux vous avertir qu'ici comme en toute autre occasion, il ne faut pas chercher de grands détours et de grandes figures. Les plus beaux vers sont ceux qui ressemblent à de la prose élégante, en retranchant la rime, quelques épithètes, et certains tours particuliers à la poésie.

FIN DES CANEVAS.

TABLE.

Lettres.

Définitions.

—

Portraits et Caractères.

Parallèles.

—

Dialogues.

—

Allégories.

—

Fables et Apologues.

—

Tableaux et Descriptions.

NARRATIONS.

Narrations Historiques.

Narrations Poétiques.

Narrations Badines.

Narrations Légendes.

DÉCOMPOSITION DE NARRATIONS.

Exhortations et Harangues.

Narrations Oratoires.

Plaidoyers.

Versification.

FIN DE LA TABLE.